Hernani

Cette édition est dédiée à Isabelle Périer,
qui aimait relire Hernani *chaque année.*

ÉTONNANTS • CLASSIQUES

HUGO

Hernani

Présentation, chronologie, notes, cahier photos et dossier par
Fabien CLAVEL *et* Romain EGRET,
professeurs de lettres

Flammarion

De Hugo
dans la collection « Étonnants Classiques »

Claude Gueux
Le Dernier Jour d'un condamné
Les Misérables
L'Intervention suivi de *La Grand'Mère*
Quatrevingt-treize
Le roi s'amuse
Ruy Blas

ISBN : 978-2-0814-4928-2
ISSN : 1269-8822

SOMMAIRE

PRÉSENTATION

Victor Hugo : une œuvre-océan

Une gloire précoce : « Je veux être Chateaubriand[1] ou rien » (1802-1830)

Victor Hugo naît en 1802 à Besançon. Ses parents s'entendent mal ; sa mère, Sophie Trébuchet (1772-1821), est monarchiste tandis que son père, Léopold Hugo (1773-1828), est républicain puis bonapartiste. Très vite, les parents vivent séparément : la carrière militaire de Léopold l'envoie à Marseille, en Italie puis en Espagne où se déroulent les guerres napoléoniennes. Sophie, quant à elle, s'installe à Paris avec ses trois enfants, Victor et ses deux frères aînés.

L'enfance de Victor Hugo est marquée par plusieurs séjours en Espagne pour rendre visite à son père. En 1811, au cours d'un voyage de trois mois, il passe par un village basque espagnol où il aperçoit des cadavres de pendus ; le village se nomme Ernani[2].

1. *François René de Chateaubriand* (1768-1848) : écrivain et homme politique français, précurseur du romantisme en France (voir « Le drame romantique », p. 15). Hugo aurait affirmé avoir écrit cette phrase dans son journal intime à quatorze ans, en 1816.
2. Victor Hugo reprendra donc ce nom en y ajoutant un « H », sans doute pour rappeler l'initiale de son propre nom.

Son père affronte des insurgés qui s'opposent aux armées napoléoniennes : en Italie, il combat notamment le brigand Fra Diavolo ; en Espagne, il lutte contre le général Díez, dit « *el Empecinado* » (« le Têtu »), qui pratiquait une technique de guérilla. Tous ces éléments, qu'on retrouvera plus tard dans ses pièces, ont sans doute marqué l'esprit du jeune Victor.

En 1815, il est placé en pension à Paris avec son frère Eugène. Il écrit des poèmes, des tragédies [1], un mélodrame [2] et un roman [3]. Avec son frère Abel, il fonde le journal *Le Conservateur littéraire* (1819-1821) et est sacré deux fois aux Jeux floraux de Toulouse, un concours de poésie. Grâce à son *Ode sur la mort du duc de Berry*, il reçoit une gratification de Louis XVIII, qui a accédé au pouvoir en 1815 après la chute de Napoléon Ier. Plus tard, le même souverain lui octroie une pension annuelle de mille francs.

Hugo peut donc espérer vivre de sa plume. En 1822, il épouse son amie d'enfance Adèle Foucher (1803-1868). On retrouve dans les vers lyriques d'*Hernani* une transposition des lettres d'amour qu'il lui écrivait avant leur mariage. Entre 1823 et 1830 naissent leurs cinq enfants : Léopold, qui meurt à l'âge de trois mois, Léopoldine, Charles, François-Victor et Adèle. Désormais père de famille, Hugo poursuit une carrière de poète (*Odes et Ballades*, 1828 ; *Les Orientales*, 1829), de romancier (*Han d'Islande*, 1823 ; *Le Dernier Jour d'un condamné*, 1829) et de dramaturge (*Amy Robsart*, 1822 ; *Cromwell*, 1827). Il devient le chef de file du Cénacle, un groupe de jeunes écrivains romantiques parmi lesquels Musset, Sainte-Beuve, Mérimée, Vigny, Dumas et Balzac.

---

1. *Irtamène* (1816) et *Athélie ou les Scandinaves* (inachevée).
2. *Inez de Castro* (1818). Voir le « Petit glossaire du théâtre », p. 248.
3. *Bug-Jargal* (1826, version remaniée).

Alors qu'il n'a pas encore trente ans, Victor Hugo est déjà un auteur célèbre. Il est honoré (il reçoit la Légion d'honneur dès 1825) autant que décrié (son drame *Marion de Lorme ou Un duel sous Richelieu* est interdit par la censure en 1829). C'est cette même année, entre le 29 août et le 25 septembre 1829, qu'il rédige *Hernani*.

Splendeurs et misères : « Je suis de ceux qui pensent et qui affirment qu'on peut détruire la misère [1] » (1830-1851)

La pièce est jouée à la Comédie-Française à partir du 25 février 1830 dans une ambiance houleuse [2]. En butte à des problèmes de santé (il perd brièvement la vue) et financiers, Hugo se voit même menacé de mort [3] et essuie un tir de balle chez lui [4] ! Néanmoins, la pièce est un triomphe et un éditeur achète son manuscrit. Ultime consécration, son héros de jeunesse, Chateaubriand, lui écrit : « J'ai vu, Monsieur, la première représentation d'*Hernani*. Vous connaissez mon admiration pour vous [...]. Je m'en vais, Monsieur, et vous venez [5]. »

Hugo poursuit donc sa carrière au théâtre, alternant les succès (tels que *Lucrèce Borgia* en 1833 et *Ruy Blas* en 1838) et

---

1. Phrase prononcée lors d'un discours à l'Assemblée nationale législative, le 9 juillet 1849 (www.assemblee-nationale.fr).
2. Voir « La bataille d'*Hernani* », p. 22.
3. On cite le billet suivant : « Si tu ne retires pas ta sale pièce dans les vingt-quatre heures, nous te ferons passer le goût du pain » (Victor Hugo, *Théâtre complet*, t. I, éd. J.-J. Thierry et J. Mélèze, Gallimard, coll. « Bibliothèque de la Pléiade », 1963, p. 1765).
4. Anecdote rapportée notamment par Alain Decaux dans sa biographie de Victor Hugo (*Victor Hugo*, II, chap. 3 : *Hernani*, Perrin, 1984) : l'auteur travaillait chez lui quand, à deux heures du matin, une balle a brisé sa vitre, passant à quelques centimètres au-dessus de son front.
5. Lettre de Chateaubriand à Victor Hugo du 26 février 1830.

les échecs (*Le roi s'amuse* en 1832), ainsi que quelques réussites mitigées. Avec Alexandre Dumas [1], il est à l'origine du théâtre de la Renaissance, une salle ouverte en 1838 et dédiée à la représentation des drames romantiques, où sera joué *Ruy Blas*. Hugo peut donc se préoccuper de la mise en scène de son œuvre. En 1841, l'écrivain est reçu à l'Académie française ; mais, fatigué par les scandales et les cabales [2] à répétition qui accompagnent ses pièces, comme *Les Burgraves* [3] en 1843, il s'éloigne du théâtre. L'auteur n'a pas entièrement délaissé les autres genres : il a publié des recueils de poésie et des romans (*Notre-Dame de Paris*, 1831 ; *Claude Gueux*, 1834).

Un drame survient en 1843 : la fille aînée des Hugo, Léopoldine, se noie dans la Seine avec son mari. Victor Hugo est effondré. Pendant plusieurs années, il ne publie plus rien, même s'il entame en 1845 un roman intitulé *Les Misères*, qu'il laissera inachevé.

Hugo se consacre dès lors à la politique. Il est nommé pair de France [4] en 1845. Ses opinions ont beaucoup évolué depuis sa jeunesse : de royaliste et conservateur, il est devenu peu à peu républicain et réformiste. Quand la révolution de 1848 éclate, il est élu maire provisoire du VIIIe arrondissement de Paris, puis député. Il se fait l'orateur de la gauche démocratique et sociale, et prononce des discours restés célèbres contre la peine de mort

---

1. ***Alexandre Dumas*** (1802-1870) : auteur de romans historiques, dont *Les Trois Mousquetaires* et *Le Comte de Monte-Cristo*.
2. ***Cabales*** : ici, personnes qui s'unissent pour faire échouer une pièce lors de sa représentation en la huant et en la sifflant.
3. Contrairement à une légende tenace, *Les Burgraves* ne sont pas un échec et comptent trente-cinq représentations, ce qui est plus qu'honorable à l'époque.
4. Les ***pairs de France*** siégeaient à la Chambre des pairs, chambre haute du Parlement. Ils étaient nommés par le roi.

(15 septembre 1848) et la misère sociale (9 juillet 1849), ou encore pour la création des États-Unis d'Europe (21 août 1849).

L'exil : « S'il n'en reste qu'un je serai celui-là [1] » (1851-1870)

Bien qu'il ait soutenu la candidature de Louis-Napoléon Bonaparte à la présidence de la République en 1848, Hugo dénonce bien vite ses rêves de grandeur et ses velléités expansionnistes. Au moment du coup d'État du 2 décembre, l'écrivain s'élève contre le futur Napoléon III. Menacé par le pouvoir, il s'exile à Bruxelles quelques jours plus tard, gagne ensuite l'île de Jersey en 1852 puis l'île de Guernesey en 1855, où il s'installe avec toute sa famille dans une maison appelée « Hauteville House ».

Hugo reprend sa plume pour fustiger le Second Empire. Il publie coup sur coup le pamphlet *Napoléon le Petit* (1852) et les poèmes des *Châtiments* (1853). En 1859, il refuse l'amnistie impériale proposée par Napoléon III. Il s'habitue à l'exil et écrit même dans ses carnets en 1854 : « Je trouve de plus en plus l'exil bon. » Victor Hugo vit alors l'une des périodes les plus fécondes de sa vie. Il publie plusieurs de ses œuvres les plus importantes : le recueil des *Contemplations* (1856) ; l'épopée *La Légende des siècles* (première série, 1859) ; et *Les Misérables* (1862), roman pour lequel il a repris l'ébauche des *Misères* abandonnée en 1848. Il rédige d'autres romans, comme *Les Travailleurs de la mer* (1866) ou *L'homme qui rit* (1869). Il reprend également goût au théâtre avec des pièces dramatiques, réunies de manière posthume sous le titre *Théâtre en liberté* (1886).

1. *Les Châtiments*, « Ultima Verba » (1853), GF-Flammarion, 2018, p. 344.

Les dernières années : «Je suis une chose publique[1]» (1870-1885)

En 1870, la chute du Second Empire permet à Victor Hugo de rentrer en France. L'accueil est triomphal. Après dix-huit années d'exil, il est devenu l'incarnation de la République nouvelle. Il est élu député de la Seine en 1871, sénateur en 1876. Il poursuit son engagement dans nombre de combats politiques, notamment en faveur de l'amnistie des communards[2].

À partir de 1867, certaines de ses pièces, comme *Hernani* ou *Lucrèce Borgia* (en 1870), avaient été à nouveau autorisées par le pouvoir. Interdit jusqu'à la chute de l'Empire, *Ruy Blas* est repris en 1872, ainsi que *Marion de Lorme* et *Marie Tudor* en 1873, *Le roi s'amuse* en 1882. En 1880 est célébré le cinquantième anniversaire d'*Hernani* à la Comédie-Française. Pour l'occasion, la grande actrice Sarah Bernhardt déclame le poème de François Coppée « La Bataille d'Hernani » devant le buste de Victor Hugo.

Après la mort de son épouse en 1868, le vieil auteur est cerné par les disparitions. Son fils Charles meurt en 1871. François-Victor disparaît deux ans plus tard. Sa fille Adèle, victime d'importants troubles psychiques depuis des années, est internée en 1872. Victor Hugo reporte son affection sur ses petits-enfants Georges et Jeanne. Il prend en charge leur éducation et leur consacre un recueil complet de poèmes, *L'Art d'être grand-père*, en 1877. En 1883, c'est au tour de Juliette Drouet, qui était sa maîtresse depuis cinquante années, de disparaître.

---

1. Hugo écrit dans ses carnets, à la date du 27 novembre 1870 : « On a renoncé à me demander l'autorisation de dire mes œuvres sur les théâtres. On les dit partout sans me demander la permission. On a raison. Ce que j'écris n'est pas à moi. Je suis une chose publique. »
2. *Communards* : membres de la Commune de Paris, insurrection ayant tenté d'établir un pouvoir populaire et autogéré dans la capitale entre mars et mai 1871, finalement réprimée dans le sang.

En 1878, il est victime d'un malaise qui met quasiment fin à ses travaux d'écriture. Victor Hugo meurt le 22 mai 1885 à Paris. À sa demande, il est emporté dans le corbillard des pauvres, mais reçoit néanmoins des funérailles nationales. Il est conduit directement au Panthéon, qui redevient pour l'occasion le lieu d'inhumation des « grands hommes » honorés par la République.

Victor Hugo laisse derrière lui une œuvre monumentale qu'il qualifiait lui-même de « livre multiple résumant un siècle [1] », dont une grande quantité de manuscrits inédits qui seront réunis sous le titre *Océan*, mais aussi des carnets de voyage, une abondante correspondance et des textes autobiographiques (*Choses vues*).

Le drame romantique

Avec la préface de *Cromwell* (1827) et la pièce *Hernani*, Victor Hugo a mené une véritable révolution en littérature. Portée par son génie, la génération romantique entreprend alors une téméraire redéfinition des conceptions dramaturgiques et de la pratique théâtrale.

Sous la Restauration (1814-1830), le meilleur moyen d'exister pour un écrivain est le théâtre, lieu politique majeur. Victor Hugo le soulignera d'ailleurs dans la préface de sa pièce *Lucrèce Borgia* (1833) : « Le théâtre, on ne saurait trop le répéter, a de nos jours une importance immense, et qui tend à s'accroître sans cesse avec la civilisation même [2]. » Dès lors, si elle veut

1. Projet de lettre à Jules Hetzel, 9 décembre 1859.
2. *Lucrèce Borgia*, « Préface » (1833), GF-Flammarion, 2017, p. 46.

perdurer, la génération romantique doit s'emparer de la « Bastille théâtrale [1] », ce qu'elle parviendra à faire en imposant l'un de ses moyens d'expression privilégiés : le « drame romantique ».

L'état du théâtre avant 1830 : le berceau du drame romantique

La période de la Restauration hérite de la rude législation impériale : à rebours des initiatives révolutionnaires, les décrets de 1806 et 1807 imposent une ferme restriction à la liberté théâtrale. Seule une douzaine de salles sont autorisées à rester ouvertes, parmi lesquelles on distingue, d'une part, les lieux officiels et subventionnés (tels que l'Opéra, la Comédie-Française et l'Odéon), dévolus aux grands genres dont ils avaient le privilège (la tragédie, la comédie), et d'autre part des salles secondaires et non subventionnées dont le répertoire est constitué de pièces populaires, qui sont souvent des vaudevilles ou des mélodrames. Parallèlement à ces lieux, des représentations officieuses et interdites essaiment dans la capitale et attirent un grand nombre de spectateurs.

Dans la pratique, les choses sont moins cloisonnées qu'il y paraît : le public passe allègrement d'une salle à l'autre, d'une pièce « sérieuse » à une pièce « populaire ». De nombreux sous-genres théâtraux coexistent. Au côté du répertoire classique (Corneille, Molière, Racine) fréquemment représenté à la Comédie-Française, la tragédie néoclassique à sujet historique (Lemercier, Delavigne) attire un public non négligeable. Néanmoins, les romantiques jugent ces œuvres sclérosées ; ils leur reprochent

1. L'expression est empruntée à Gérard Gengembre dans *Le Théâtre français au XIXe siècle*, Armand Colin, coll. « U. Lettres », 2010.

d'être figées dans une structure dramaturgique rigide et dans une rhétorique antique qui laisse trop peu de place à la licence créatrice. Le modèle novateur du drame bourgeois, créé par Diderot (*Le Fils naturel*, 1757, accompagné par les *Entretiens entre Dorval et moi*) et étayé par les œuvres de Sedaine (*Le Philosophe sans le savoir*, 1765), de Mercier (*La Brouette du vinaigrier*, 1775) et de Beaumarchais (*La Mère coupable*, 1792), peine quant à lui à s'imposer.

Le théâtre populaire connaît un essor certain. Le vaudeville attire un public nombreux. Héritier de la comédie légère, comportant des couplets chantés qui créent une atmosphère festive, il propose une fable théâtrale proche de la farce et sans réelle volonté d'instruire. Les personnages n'y ont aucune profondeur psychologique, à l'instar du propos de la pièce, dont la force repose avant tout sur une habile maîtrise des effets de scène et du comique de caractère. Eugène Scribe (1791-1861) s'est tout particulièrement illustré dans ce genre.

Malgré une certaine proximité avec le vaudeville, le mélodrame se singularise par sa portée moralisatrice. René de Pixérécourt (1773-1844), le plus prolifique auteur du genre, en a fixé la forme. Héritier du théâtre révolutionnaire, qui a cherché à développer une forme de catharsis[1] populaire, le mélodrame procède de nombreux retournements de situation et autres effets spectaculaires ménagés par l'auteur. Empruntant ses sujets à l'Histoire, la pièce mélodramatique donne à voir la mise en péril de l'ordre social : un jeune homme issu du peuple finit toujours par vaincre un sombre noble qui tient captive une jeune femme et par sauver cette dernière *in extremis*. La dimension

1. *Catharsis* : principe selon lequel, en éprouvant de la terreur ou de la pitié pendant la représentation d'une tragédie, le spectateur se libère de ses propres émotions.

morale du mélodrame réside précisément dans la restauration finale de l'ordre et dans l'heureux dénouement qui conclut la pièce.

C'est dans ce paysage littéraire qu'éclot le drame romantique. S'il reprend à son compte la complexité de la tragédie, il tire aussi parti du mélodrame et de son mélange des registres tout en le détournant. À cet égard, Charles Nodier (1780-1844) apparaît comme un précurseur. En 1822, avec *Bertram ou Le Pirate* il propose un mélodrame subverti : refusant le dénouement heureux et le retour final à l'ordre, Nodier présente un héros complexe, un pirate tourmenté, marqué par la fureur et le désespoir, et emportant tout avec lui dans un incendie final symbolique. Le terrain est ainsi prêt pour la révolution romantique.

Le projet hugolien : les principes esthétiques du drame romantique

À l'origine du drame romantique, il y a donc une corruption du schéma mélodramatique[1] théorisée par Victor Hugo. À la recherche de son outil littéraire, le théâtre romantique fait effectivement précéder la pratique par la réflexion.

Le projet hugolien s'exprime tout d'abord dans la préface d'une pièce souvent jugée injouable : *Cromwell* (1827). Dans ce morceau de bravoure théorique, le poète présente le drame romantique comme l'aboutissement d'une évolution humaine dont il retrace les trois grands âges :

---

1. On retrouve en effet dans *Hernani* les traces du schéma mélodramatique : un « jouvenceau » s'oppose à un homme de pouvoir, l'objet du litige étant notamment le cœur d'une jeune femme (le sous-titre prévu pour la pièce explicite d'ailleurs le substrat mélodramatique : « *Tres para una* », « Trois pour une ») ; et les coups de théâtre y sont nombreux.

– *l'âge du lyrisme* : aux temps primitifs, dominés par un mode de vie pastoral, la création est spontanée ;

– *l'âge de l'épopée* : l'homme s'éloigne de la nature, crée des États qui entrent en guerre les uns avec les autres, marquant ainsi le passage du lyrisme vers l'épopée et la tragédie antiques ;

– *l'âge du drame* : la révélation chrétienne manifeste la dualité de l'homme, partagé entre le bien et le mal, ce que le drame ne cesse d'exposer.

Genre essentiellement moderne, le drame romantique est donc le lieu littéraire qui permet d'exprimer la dualité essentielle de la réalité humaine, que Victor Hugo entend évoquer à travers une esthétique du « grotesque » et du « sublime »[1]. Ce qu'il ambitionne, c'est une profonde refonte des codes théâtraux.

■ Le rejet des codes du classicisme

Prenant le théâtre de Shakespeare pour modèle, Hugo entend se libérer des contraintes de la tragédie classique qui, selon lui, empêchent le poète de donner libre cours à sa force créatrice. Il cherche à en finir avec les principes[2] qui ont régi le théâtre français pendant de nombreuses décennies.

---

1. « La poésie de notre temps est donc le drame ; le caractère du drame est le réel ; le réel résulte donc de la combinaison toute naturelle de deux types, le sublime et le grotesque, qui se croisent dans le drame, comme ils se croisent dans la vie et dans la création. Car la poésie vraie, la poésie complète, est dans l'harmonie des contraires. Puis, il est temps de le dire hautement, [...] tout ce qui est dans la nature est dans l'art. [...] On voit combien l'arbitraire des distinctions des genres croule vite devant la raison et le goût » (*Cromwell*, « Préface », GF-Flammarion, 1968, p. 79 et 81).

2. Ceux-ci sont notamment définis dans *L'Art poétique* (1674) de Nicolas Boileau, qui fixe les codes d'écriture du classicisme en se plaçant sous le signe de la *Poétique* d'Aristote (IVe siècle av. J.-C.).

Les romantiques rejettent ainsi les unités de temps et de lieu[1] (principe selon lequel l'action doit se dérouler dans un seul endroit en un seul jour), perçues comme obsolètes. C'est ainsi que dans *Hernani* l'intrigue s'étale sur plusieurs jours et plusieurs nuits, conduisant le spectateur d'une chambre à coucher à Saragosse (acte I) au tombeau de Charlemagne à Aix-la-Chapelle[2] (acte IV). L'unité d'action (une intrigue principale est développée), qui garantit une certaine cohérence, est cependant conservée.

Est malmenée voire rejetée la règle de bienséance[3], qui prohibait l'usage d'un lexique courant ou familier et interdisait la représentation sur scène de toute action susceptible de heurter la sensibilité du public, ainsi que la règle de vraisemblance. Les annotations de Hugo sur son exemplaire d'*Hernani* témoignent de la réaction du public devant ces entorses aux règles classiques. Le prosaïsme corporel dont doña Sol fait preuve lorsqu'elle demande à Hernani s'il a froid[4], le terme « bandit » employé par Hernani, qui à l'époque appartenait au registre familier, ou encore l'agonie des deux amants sur scène dans l'acte final sont autant de partis pris audacieux du dramaturge qui pouvaient choquer.

■ Le mélange des genres et des registres

Conçu comme le « miroir » du monde et de l'expérience humaine, le drame romantique doit mélanger les genres et les

---

1. Ce rejet se manifeste dans *Hernani* : chaque acte se situe en un lieu différent, et l'action dramatique s'étend sur environ six mois.
2. *Aix-la-Chapelle* : ville de l'ouest de l'Allemagne, lieu de résidence et capitale de l'empire de Charlemagne, puis lieu de couronnement des empereurs du Saint Empire romain germanique.
3. Voir le « Petit glossaire du théâtre », p. 248.
4. Voir acte I, scène 2, p. 65, v. 42.

registres : le tragique y côtoie le comique, comme dans la vie. De cette alliance entre « sublime » et « grotesque », de cette collusion entre vocabulaire noble et lexique trivial, de ce choc entre objets distingués et objets bas [1] doit naître une nouvelle forme de beauté. À cet égard, le premier acte, qui s'ouvre sur l'apparition d'un roi enfermé par la suite dans une armoire, est programmatique. Hugo ne cessera, au cours de sa pièce, de multiplier les chocs esthétiques. Les lamentations de don Ruy Gomez sur son grand âge [2] ou don Carlos qui s'exclame « j'avais oublié cette histoire [3] » au sujet du passé d'Hernani introduisent des éléments comiques qui rompent avec le ton tragique de la pièce.

■ La liberté dans l'art

S'inspirant librement d'épisodes fameux de l'Histoire moderne magnifiés par la « couleur locale [4] », et mettant en scène un héros complexe, le drame romantique proclame la « liberté dans l'art », ainsi que Victor Hugo l'affirme avec force dans la préface d'*Hernani* (p. 52). Les contraintes d'ordre formel ou lexical étant bannies, la nouvelle « loi de l'écriture » doit venir du poète lui-même, de son « génie ». Loin de se soumettre à des prescriptions externes, il construit sa propre « poétique » : « Le poète, insistons sur ce point, ne doit donc prendre conseil que de la nature, de la vérité, et de l'inspiration qui est aussi une vérité et une nature [5]. » Cette liberté créatrice doit se répercuter

---

1. *Bas* : ici, trivial, qui touche au corps et à la vie quotidienne.
2. Voir acte III, scène 1, p. 122-123, v. 716, 722-748.
3. Voir acte IV, scène 4, p. 204, v. 1737.
4. Pour une explication précise du principe de « couleur locale », voir « Ressusciter l'Histoire », p. 24.
5. *Cromwell*, « Préface », GF-Flammarion, 1968, p. 88.

dans le vers, et, plus particulièrement, dans l'alexandrin[1], auquel Hugo impose un nouveau rythme à la hauteur de l'ambition du drame romantique :

> [...] nous voudrions un vers libre, franc, loyal, osant tout dire sans pruderie, tout exprimer sans recherche ; passant d'une naturelle allure de la comédie à la tragédie, du sublime au grotesque ; [...] sachant briser à propos et déplacer la césure pour déguiser sa monotonie d'alexandrin [...] ; pouvant parcourir toute la gamme poétique, aller de haut en bas, des idées les plus élevées aux plus vulgaires, des plus bouffonnes aux plus graves [...]. Il nous semble que ce vers-là serait bien *aussi beau que de la prose*[2].

La bataille d'*Hernani*

Ces théories nouvelles de Victor Hugo sur le théâtre se confrontent avec la scène le 25 février 1830, lors de la première représentation d'*Hernani*. À la suite de la censure de son drame *Marion de Lorme* (1829), l'écrivain rédige la pièce en moins d'un mois. Il fond les principes esthétiques énoncés dans la préface de *Cromwell* dans le moule d'une intrigue mouvementée, marquant ainsi la naissance du drame romantique français. Le comité de censure autorise la publication de l'œuvre avec beaucoup de réticence et les répétitions à la Comédie-Française durant l'hiver 1829-1830 sont pour le moins agitées.

Arrive enfin le soir de la première : rue de Richelieu se presse un public sensible aux enjeux de cette soirée. Victor Hugo

1. Cette révolution de la versification est notamment perceptible dans l'audace des enjambements et dans la modification du rythme de l'alexandrin : les trimètres romantiques, qui se découpent rythmiquement en trois mesures, sont en effet nombreux (par exemple : « Qu'est cet homme ? Jésus mon Dieu ! si j'appelais ?... », p. 64, v. 29).
2. *Cromwell*, « Préface », GF-Flammarion, 1968, p. 95.

prévoit qu'aux spectateurs se mêleront des personnes venues uniquement pour saboter la représentation. Il se constitue une « claque [1] » composée par l'ensemble de la jeunesse romantique, menée par Gérard de Nerval et Théophile Gautier, qu'on baptisera par la suite les « modernes », venus en découdre avec les « anciens ». Alors que la première est un succès, la « bataille d'*Hernani* » éclate véritablement lors des représentations suivantes : les tenants du classicisme s'opposent aux jeunes partisans du théâtre romantique, le conflit esthétique se doublant d'un conflit générationnel. Devant les audaces du poète, huées et applaudissements s'entremêlent [2].

Une partie de la presse affiche son hostilité à la pièce, publiant des détournements moqueurs conçus par des parodistes [3]. Cependant, les spectateurs sont nombreux : le triomphe est incontestable pour le camp de Victor Hugo, qui inscrit de manière durable le drame romantique dans la production littéraire. Cette victoire personnelle est aussi une victoire collective, dont la portée est politique : en imposant sa pièce et une forme esthétique en adéquation avec les spécificités de son temps, il impose le théâtre de sa génération. Ainsi qu'il le clame : « À peuple nouveau, art nouveau [4]. » L'importance de cette

---

1. *Claque* : personnes payées pour applaudir ; ici, personnes proches de Victor Hugo, réunies pour faire contrepoids dans le public aux opposants à *Hernani*.
2. On relira avec profit les pages mémorables qu'Alexandre Dumas consacre à cette querelle au chapitre 132 (1852-1856) de ses *Mémoires*. Voir Dumas, *Mes Mémoires*, éd. Pierre Josserand, Robert Laffont, « Bouquins », 1989.
3. Les parodies suivantes connurent un retentissement certain : Auguste de Lauzane, *Harnali, ou la Contrainte par cor*, 1830 ; Carmouche, de Courcy et Dupety, *N, i, Ni*, 1830 ; Carmouche et Brazier, *Oh ! qu'nenni, ou le Mirliton fatal*, 1830.
4. *Hernani*, « Préface », p. 53.

« bataille » ne saurait donc être minorée dans l'histoire intellectuelle française, et cette révolution littéraire annonce la révolution politique de 1830. Victor Hugo est d'ailleurs conscient de la portée de ce bouleversement :

> Le romantisme, tant de fois mal défini, n'est, à tout prendre, et c'est là sa définition réelle si l'on ne l'envisage que sous son côté militant, que le *libéralisme* en littérature. Cette vérité est déjà comprise à peu près de tous les bons esprits, et le nombre en est grand ; et bientôt, car l'œuvre est déjà bien avancée, le libéralisme littéraire ne sera pas moins populaire que le libéralisme politique. La liberté dans l'art, la liberté dans la société, voilà le double but auquel doivent tendre d'un même pas tous les esprits conséquents et logiques [1].

L'Histoire entre en scène

Si le théâtre s'était déjà emparé de l'Histoire, par exemple dans les tragédies de Corneille, jamais elle n'avait été représentée sur scène comme s'est proposé de le faire le drame romantique.

Ressusciter l'Histoire

Concernant l'Histoire, le but du drame romantique établi par Hugo dès la préface de *Cromwell* est simple et exigeant : « Le but de l'art est presque divin : ressusciter, s'il fait de l'Histoire ;

---

1. *Hernani*, « Préface », p. 52.

créer, s'il fait de la poésie[1]. » Il s'agit donc, pour l'artiste, de redonner vie à un moment disparu.

Le choix du sujet historique n'est pas aléatoire. Les romantiques témoignent d'une préférence nette pour l'Histoire moderne. La jeune génération rejette les références à la mythologie et délaisse l'Histoire antique qui était l'apanage des classiques. Elle privilégie le passé récent, et plus particulièrement le XVIe siècle.

Afin d'incarner l'histoire sur scène, les romantiques ont recours au principe de « couleur locale », qui désigne le soin apporté à la reconstitution du passé. Le dramaturge introduit des détails puisés dans des sources historiques, restituant avec soin les particularités d'une époque. Ce procédé ne se réduit pas à une exhibition d'éléments pittoresques. Il relève d'une exigence globale, qui innerve le drame romantique, ainsi que l'indique Hugo dans la préface de *Cromwell* :

> Ce n'est point à la surface du drame que doit être la couleur locale, mais au fond, dans le cœur même de l'œuvre, d'où elle se répand au dehors, d'elle-même, naturellement, également, et, pour ainsi parler, dans tous les coins du drame, comme la sève qui monte de la racine à la dernière feuille de l'arbre. Le drame doit être radicalement imprégné de cette couleur des temps ; elle doit en quelque sorte y être dans l'air, de façon qu'on ne s'aperçoive qu'en y entrant et qu'en en sortant qu'on a changé de siècle et d'atmosphère[2].

Cette « couleur des temps », pour être perceptible, doit d'abord se manifester dans le style même du drame. Les romantiques ne reculent donc pas devant le grotesque, le trivial, le prosaïque lorsque ceux-ci doivent être représentés :

---

1. *Cromwell*, « Préface », GF-Flammarion, 1968, p. 91.
2. *Ibid.*

> Cette muse, loin de repousser, comme la véritable école classique française, les trivialités et les bassesses de la vie, les recherche au contraire et les ramasse avidement. Le grotesque, évité comme mauvaise compagnie par la tragédie de Louis XIV, ne peut passer tranquille devant celle-ci. *Il faut qu'il soit décrit !* c'est-à-dire *anobli*. Une scène de corps de garde, une révolte de populace, le marché aux poissons, le bagne, le cabaret, la *poule au pot* de Henri IV, sont une bonne fortune pour elle. Elle s'en saisit, elle débarbouille cette canaille, et coud à ces vilenies son clinquant [1] et ses paillettes [2] [...].

La « couleur locale » se manifeste également dans les décors, particulièrement présents dans l'espace théâtral, travaillés avec soin, et dans les costumes, détaillés avec attention dans les didascalies. L'ensemble de ces procédés vise à incarner l'Histoire sur scène.

Le lecteur d'aujourd'hui peut s'interroger quant à la prééminence de l'élément historique dans le drame romantique. Elle s'explique pour deux raisons au moins. La première est l'engouement pour l'Histoire qui a marqué la première moitié du XIXe siècle et le contexte littéraire d'alors. Les romans de Walter Scott [3] commencent à être traduits en français et l'œuvre de l'auteur écossais connaît un retentissement considérable. C'est aussi à cette époque que Jules Michelet (1798-1874) met en œuvre ses sommes historiques, rétrospectives majestueuses qui donnent à voir le mouvement de l'Histoire. Symptomatiques de cette soudaine passion, les musées se multiplient, notamment ceux liés au passé espagnol, qui attirent une foule croissante

---

1. *Clinquant* : petite lame de métal brillante dont on orne les broderies ; par extension, désigne un ornement prétentieux.
2. *Cromwell*, « Préface », GF-Flammarion, 1968, p. 93.
3. ***Walter Scott* (1771-1832)** : écrivain écossais, auteur notamment d'*Ivanhoé* (1819).

d'admirateurs et de curieux. La deuxième raison est que les romantiques cherchent à *penser* l'Histoire. Il ne s'agit pas simplement d'en faire un compte rendu objectif visant l'édification du public. Le XIXe siècle est le siècle des révolutions, de l'Histoire en marche : les artistes cherchent à en restituer les dynamiques et à en comprendre les invariants.

Hernani : un drame espagnol

Dans *Hernani*, Victor Hugo représente l'accession au pouvoir impérial de don Carlos, futur Charles Quint. Située entre février et août 1519, l'action dramatique convoque le XVIe siècle espagnol, qu'elle s'attache à ressusciter selon les prescriptions esthétiques que le poète a lui-même formulées. Ses sources d'inspiration sont multiples. Outre ses souvenirs d'enfance [1], il a mobilisé un important savoir livresque en puisant abondamment dans le *Romancero* [2] espagnol.

L'écrivain a recours à la « couleur locale » pour transposer ses connaissances dans l'intrigue. Tout, dans son drame, donne à voir et à entendre le XVIe siècle castillan. Détaillés au gré de minutieuses didascalies, les costumes sont des vecteurs d'Histoire, ce qu'indique d'emblée la première notation scénique d'*Hernani* : « Doña Josefa Duarte, *vieille, en noir, avec le corps de sa jupe cousu de jais, à la mode d'Isabelle la Catholique* » (p. 59). Les décors rendent visible la Castille [3] du XVIe siècle, à l'image du château de don Ruy Gomez, qui en offre un remarquable condensé [4]. Le poids du passé est particulièrement sensible dans

---

1. Voir « Une gloire précoce », p. 9.
2. Le *Romancero* se présente comme une anthologie de courts poèmes, appelés « romances », issus majoritairement de chansons de geste castillanes.
3. *Castille* : région située au centre de l'Espagne.
4. Voir III, 1, p. 121.

la scène des portraits[1] lors de laquelle don Ruy énumère les faits d'armes de ses aïeux : magnifiant l'« honneur castillan », cette accumulation de portraits glorieux donne à sentir l'épaisseur historique dont la pièce est empreinte.

Au milieu de ces espaces historiques reconstitués, le spectateur assiste à la transfiguration de don Carlos : de roi libertin, il devient un empereur digne et conscient des enjeux de son pouvoir, à la tête du Saint Empire romain germanique. À la mort de Maximilien Ier[2], des élections sont organisées pour désigner celui qui accédera à la dignité impériale[3]. Il s'agit, pour don Carlos, de devancer tous ses concurrents, parmi lesquels François Ier, et de ne pas succomber aux conspirations qui se dressent contre lui. Dans la pièce de Victor Hugo, l'élection a finalement lieu à Aix-la-Chapelle en 1529. Cette inexactitude historique (elle eut lieu à Francfort en 1530) permet de faire coïncider l'élection et la visite de don Carlos au tombeau de Charlemagne. Une fois empereur, don Carlos connaît une métamorphose dont l'acte IV donne toute la mesure : se montrant clément comme l'empereur Auguste du *Cinna* (1642) de Corneille, il prend conscience des implications du pouvoir et du sens historique de sa mission. C'est ainsi qu'on peut affirmer qu'*Hernani* répond aussi à l'objectif fixé au drame romantique de *penser* l'Histoire : la transformation de don Carlos sous la figure tutélaire de Charlemagne témoigne d'une réflexion critique sur le souverain et ses devoirs[4]. Homme providentiel, l'empereur

---

1. Voir III, 6, p. 151-155, v. 1128-1178.
2. *Maximilien Ier* (1459-1519) : empereur du Saint Empire romain germanique de 1508 à sa mort. Cet empire n'étant pas régi par les lois de l'hérédité, l'organisation d'une élection était nécessaire pour chaque succession.
3. Voir I, 3, p. 84-85, v. 297-302.
4. Voir IV, 2, p. 180-187, v. 1429-1589.

apparaît comme celui qui fait avancer l'Histoire, et qui permet à un ordre juste d'émerger.

Hernani offre ainsi une réflexion sur la naissance des empires, dont *Ruy Blas* proposera le contrepoint à travers le spectacle d'une monarchie moribonde. En 1830, cette représentation critique est d'une actualité brûlante, à la veille des Trois Glorieuses [1]. Pour autant, sa portée ne se limite pas au seul XIXe siècle, car Hugo a cherché à rendre universels les débats qui agitent l'époque de Charles Quint.

Le héros romantique

Victor Hugo impose sur la scène théâtrale le héros romantique, être archétypal introduit dans le champ littéraire par le roman *René* (1802) de Chateaubriand. Les lecteurs d'*Hernani* sont confrontés au spectacle d'une énergie conquérante que rien ne saurait arrêter, à un personnage tourmenté qui se singularise par sa complexité [2].

D'un romantisme à l'autre : les maux du XIXe siècle

En 1830, le héros romantique est multiple, reflétant les différents accents qu'a pris le mouvement romantique dans les années qui précèdent.

---

1. *Trois Glorieuses* : révolution des 27, 28 et 29 juillet 1830, qui mit fin à la Restauration avec l'abdication de Charles X et porta au trône Louis-Philippe, ouvrant ainsi la monarchie de Juillet.
2. Voir III, 4, p. 140-141, v. 985-1000.

La première vague du romantisme est initiée en France par Chateaubriand (avec *René* mais aussi avec l'essai *Génie du christianisme* en 1802). Le héros romantique se distingue alors avant tout par sa sensibilité : il est mû par l'énergie du désespoir. Profondément solitaire, il se place sous le signe du « vague des passions », cette mélancolie moderne qui sera bientôt perçue comme le « mal du siècle » et que Chateaubriand définit en ces termes :

> On est détrompé sans avoir joui ; il reste encore des désirs, et l'on n'a plus d'illusions. L'imagination est riche, abondante et merveilleuse ; l'existence pauvre, sèche et désenchantée. On habite, avec un cœur plein, un monde vide ; et, sans avoir usé de rien, on est désabusé de tout [1].

Le premier héros romantique est déchiré entre l'infini de ses aspirations et la certitude que rien dans la réalité ne peut les combler. Confronté à un destin qui lui échappe et à une société qui nie ses dispositions profondes, il trouve refuge dans l'écrin de la nature. La mort exerce sur lui une certaine fascination : il songe parfois au suicide, à l'instar du Werther de Goethe (*Les Souffrances du jeune Werther*, 1774) et du René de Chateaubriand [2].

---

1. Chateaubriand, *Génie du christianisme*, I, GF-Flammarion, 1966, p. 309.
2. « Hélas, j'étais seul, seul sur la terre ! Une langueur secrète s'emparait de mon corps. Ce dégoût de la vie, que j'avais ressenti dès mon enfance, revenait avec une force nouvelle. Bientôt mon cœur ne fournit plus d'aliment à ma pensée, et je ne m'apercevais de mon existence que par un profond sentiment d'ennui. Je luttai quelque temps contre mon mal, mais avec indifférence et sans avoir la ferme résolution de le vaincre. Enfin, ne pouvant trouver de remède à cette étrange blessure de mon cœur, qui n'était nulle part et qui était partout, je résolus de quitter la vie » (Chateaubriand, *René*, GF-Flammarion, 1964, p. 156).

Issu de la première vague du mouvement littéraire, dont le propos était de libérer l'art par la valorisation du génie singulier, ce héros romantique se présente donc avant tout comme un individu à la psychologie complexe.

La seconde vague du romantisme vise quant à elle une forme de libération politique. Elle accentue encore l'ambiguïté du héros romantique. Subissant les tourments du « mal du siècle », capable de grandeur comme de bassesse, alliant sublime et grotesque, le personnage est porteur d'une revendication sociale : il lutte avec ardeur et détermination contre les fléaux de l'injustice. C'est le cas du fascinant Lorenzo, héros équivoque du drame romantique le plus abouti : *Lorenzaccio* (1834) d'Alfred de Musset (1810-1857). Quelles que soient leurs origines sociales (aristocrate comme Lorenzo, issu du peuple comme Ruy Blas, ou bien encore proscrit[1] comme Hernani), tous ont en commun leur soif insatiable d'absolu. Ils introduisent le désordre dans l'ordre, bouleversent les structures établies, mais ne connaissent souvent que l'amertume de l'échec. En quête d'un sens à donner à sa vie, le héros romantique, hanté par les contradictions, partagé entre idéalisme et individualisme, ne peut qu'imploser au sein d'une société qu'il espère changer et qui, inexorablement, finit par l'abattre.

Hernani : une figure de l'héroïsme romantique

À plus d'un égard, Hernani est une figure majeure de l'héroïsme romantique. Dans la pièce, il offre plusieurs portraits de lui, dans lesquels se lisent les tourments d'un « être maudit[2] », écartelé entre la pulsion de vie et la pulsion de mort.

1. *Proscrit* : hors la loi, en exil.
2. Voir notamment II, 4, p. 116, v. 656-664.

Hernani apparaît d'abord comme un « bandit », l'être marginal par excellence : « Car, vous ne savez pas, moi, je suis un bandit ! » (I, 2, v. 130). Paria solitaire, il vit à l'écart de la société, avec des compagnons proscrits comme lui. La vie qu'il dépeint à doña Sol est une existence misérable et dangereuse, faite de sacrifices et d'amertume, mais qui n'est cependant pas dénuée d'une grandeur épique.

Dans ce premier autoportrait, le lecteur retrouve d'ores et déjà un certain nombre de *topoï* propres au romantisme : la solitude, une forme de désespoir, la mort, ainsi qu'une liaison intime avec la nature, que le reste du texte ne dément pas. Être de la nuit[1], Hernani inscrit son existence sous le signe d'une liberté exigeante.

Cette vie rude à laquelle Hernani s'est astreint consiste moins en la poursuite d'un idéal qu'en un châtiment que le « bandit » subit, non sans le revendiquer avec panache. Il est en effet un aristocrate déclassé à la suite de la mise à mort injuste de son père par le roi Philippe Ier le Beau, père de don Carlos. Obsédé par ce meurtre infâme, Hernani a rompu avec la société. Il s'est promis de ne poursuivre qu'un seul but avec patience et détermination : tuer don Carlos et venger ainsi l'honneur de son père[2].

S'il s'érige contre l'injustice, s'il se lance dans un « duel » avec le roi, Hernani entre aussi en opposition avec l'ordre imposé par la vieillesse, incarné par le personnage de don Ruy Gomez[3]. « Force qui va » (v. 988), selon la formule consacrée, Hernani est une puissance qui s'oppose à toutes les forces d'inertie[4].

---

1. « Je rentre dans ma nuit » (II, 4, v. 674).

2. Voir I, 2, p. 69, v. 88-102.

3. La fameuse scène des portraits (III, 1) symbolise notamment l'immuabilité qu'impose la vieillesse.

4. Pour autant, le drame romantique refuse le manichéisme du mélodrame : don Carlos et don Ruy Gomez sont des personnages éminemment com-

Poussé par la haine et par la vengeance, soumis au jeu de la passion et de la violence, le « bandit » solitaire est aussi capable d'un amour dont l'intensité est inégalable. Le drame de Victor Hugo propose aux spectateurs de somptueuses scènes de duos amoureux, où le lyrisme magnifie la puissance des sentiments, notamment à l'acte V. Ainsi, le héros romantique est un système au sein duquel alternent la nuit de la proscription et le soleil de l'amour. Dans ce combat cosmique entre l'élément nocturne et l'élément solaire, ce sont *in fine* les ténèbres qui triomphent, car l'amour est ici tragique et ne saurait connaître d'autre issue que la mort. Le « front maudit » (II, 4, v. 664) d'Hernani ne lui permet d'autre destin, ce qu'il faisait déjà pressentir à sa bien-aimée :

> « Oh ! laisse-moi fuir seul !
> Je suis banni, je suis proscrit, je suis funeste [1] ! »
> (II, 4, v. 676-677)

Le retentissement final du cor [2] ne fait que confirmer une issue tragique inéluctable, soulignée par don Ruy Gomez lorsqu'il contemple la mort des deux amants : « La fatalité [3] s'accomplit » (V, 6, v. 2141).

Les noces des jeunes gens se révèlent dès lors macabres, et leur union se fait dans le lit de la mort. Pourtant, la mort ne triomphe pas tout à fait, et dans la nuit brille l'éclat d'un amour qui transfigure cette scène tragique en apothéose lyrique [4].

---

plexes, tiraillés eux aussi par de nombreuses contradictions. Le vieillard amoureux, s'il peut apparaître grotesque par endroits, sait aussi se montrer particulièrement touchant. Quant au roi d'Espagne, sa transfiguration au cours de l'acte IV témoigne d'un refus, de la part de l'auteur, de figer l'identité de ses personnages.

1. *Funeste* : maudit, lié à la mort.
2. *Cor* : trompette.
3. *La fatalité* : le destin.
4. Voir V, 6, p. 224, v. 2143-2146.

Hernani est donc bel et bien le héros romantique par excellence : il en incarne tous les aspects, et il nous donne à en admirer toute la richesse. La réussite du drame romantique tient en grande partie à la puissante fascination qu'exerce sur le spectateur l'énergie du personnage éponyme. Traversant les époques, du 25 février 1830, « une date qu'aucun romantique n'a oubliée [1] », à nos jours, il ne laisse pas de nous captiver.

1. Théophile Gautier, article du *Moniteur universel*, 25 juin 1867.

CHRONOLOGIE

1802 1885

Repères historiques et culturels

Vie et œuvre de l'auteur

Repères historiques et culturels

1789 Début de la Révolution française.

1792 Beaumarchais, *La Mère coupable* (drame).

1797 Pixérécourt, *Victor ou l'Enfant de la forêt* (mélodrame).

1799 Coup d'État du 18 Brumaire de Napoléon.

1802 Bonaparte devient consul à vie.
Chateaubriand, *René* (roman) et *Génie du christianisme* (essai).
Naissance d'Alexandre Dumas.

1804 Napoléon Ier devient empereur des Français. C'est le début du Premier Empire.

1809 Mme de Staël, *De l'Allemagne* (essai).

1810 Naissance d'Alfred de Musset.

1811 Naissance de Théophile Gautier.

1814 Abdication de Napoléon.
Première Restauration : Louis XVIII prend le pouvoir.

1815 « Les Cent Jours » : Napoléon tente de reconquérir le pouvoir jusqu'à la défaite de Waterloo.
Seconde Restauration.

Vie et œuvres de l'auteur

1797 Mariage de Léopold Hugo et de Sophie Trébuchet à Paris.

1798 Naissance d'Abel Hugo.

1800 Naissance d'Eugène Hugo.
Léopold Hugo est nommé en garnison à Besançon.

1802 *26 février :* Naissance de Victor Marie Hugo à Besançon.

1802-1807 Léopold Hugo est nommé colonel en Italie et en Corse.
La famille Hugo fait le voyage.

1803 Naissance d'Adèle Foucher.

1809 Léopold Hugo est nommé général de brigade.
Sophie Trébuchet s'installe aux Feuillantines à Paris avec ses trois fils. Elle y cache son amant Victor de Lahorie, ami de son mari et parrain de Victor, qui est impliqué dans un complot.
Victor Hugo rencontre Adèle Foucher, fille des voisins et amis de la famille.

1811 Voyage en Espagne de Victor Hugo, avec sa mère et ses frères. Ils passent notamment par le village d'Ernani où ont été pendus des opposants politiques.

1812 Retour aux Feuillantines.
Victor de Lahorie est capturé et fusillé.

1813 Léopold Hugo rentre d'Espagne.

Repères historiques et culturels

1820 Lamartine, *Méditations poétiques* (recueil).

1821 Mort de Napoléon Ier.
Passage des comédiens anglais à Paris : émeutes.
Naissance de Gustave Flaubert.

1822 Stendhal, *Racine et Shakespeare* (essai).

1824 Mort de Louis XVIII et avènement de Charles X.

1826 Vigny, *Poèmes antiques et modernes* (recueil).
Nerval, *Faust* (traduction de Goethe).

1827 Retour des acteurs anglais avec une tournée cette fois triomphale.

1829 Dumas, *Henri III et sa cour* (drame).
Vigny, *Le More de Venise* (drame).

Vie et œuvres de l'auteur

1815-1818 Victor et son frère Eugène sont placés à la pension Cordier. Il écrit ses premiers vers et ses premières pièces. *Irtamène* (tragédie), *Athélie ou les Scandinaves* (tragédie), *Inez de Castro* (mélodrame). Il reçoit un prix aux Jeux floraux de Toulouse.
Séparation des époux Hugo.

1819 Victor fonde un journal avec son frère Abel, *Le Conservateur littéraire*.

1820 Nouveau prix aux Jeux floraux de Toulouse. Il reçoit une gratification du roi Louis XVIII.

1821 Mort de Sophie Trébuchet à Paris. Léopold se remarie avec sa maîtresse Catherine Thomas.

1822 *Odes et Poésies diverses* (recueil).
Hugo reçoit une pension de Louis XVIII. Il épouse Adèle Foucher.
Eugène Hugo est interné à l'asile de Charenton.

1823 *Han d'Islande* (roman).
Naissance de Léopold Hugo, premier fils de Victor et Adèle, qui meurt à trois mois.

1824 *Nouvelles Odes* (recueil).
Naissance de Léopoldine Hugo.

1825 Hugo est fait chevalier de la Légion d'honneur.

1826 *Bug-Jargal* (roman).
Odes et Ballades (recueil).
Naissance de Charles Hugo.

1827 *Cromwell* (drame).

1828 Mort de son père, Léopold Hugo à Paris.
Amy Robsart (drame). Échec de la représentation.
Naissance de François-Victor Hugo.

1829 *Les Orientales* (recueil).
Le Dernier Jour d'un condamné (roman).
Marion de Lorme ou Un duel sous Richelieu (drame). La pièce est interdite le 14 août.
29 août-25 septembre : Rédaction de *Hernani*.

Repères historiques et culturels

1830 *27-29 juillet :* Révolte des Trois Glorieuses qui entraîne la chute de Charles X et l'avènement de Louis-Philippe : c'est le début de la monarchie de Juillet. Fin de la censure.
Stendhal, *Le Rouge et le Noir* (roman).
Musset, *La Nuit vénitienne* (drame).

1831 Dumas, *Antony* (drame).

1832 Insurrection populaire lors des obsèques du général Lamarque. Cet épisode sera au centre des *Misérables*.
Dumas, *La Tour de Nesle* (drame).

1834 Musset, *Lorenzaccio* (drame).
Pixérécourt, *Latude ou Trente-cinq ans de captivité* (mélodrame).

1835 Balzac, *Le Père Goriot* (roman).
Vigny, *Chatterton* (drame).

1836 Dumas, *Kean* (drame).

1840 Naissance de Zola.

1842 Mort de Stendhal.

Vie et œuvres de l'auteur

1830 *25 février :* Première représentation d'*Hernani*, début de la fameuse « bataille d'*Hernani* ».
Naissance d'Adèle Hugo.
Mme Hugo entame une liaison avec Sainte-Beuve, ami de son mari.

1831 *Notre-Dame de Paris* (roman)
Feuilles d'automne (recueil).
Marion de Lorme est enfin représentée sur scène.

1832 *Le roi s'amuse* (drame). La pièce est interdite.

1833 *Lucrèce Borgia* (drame). Triomphe.
Hugo rencontre Juliette Drouet.
Marie Tudor (drame). Demi-échec.

1834 *Claude Gueux* (roman).

1835 *Angelo, tyran de Padoue* (drame). Succès.
Chants du crépuscule (recueil).

1836 Échec de *La Esmeralda*, opéra adapté de *Notre-Dame de Paris* et composé par Louise Bertin.

1837 *Les Voix intérieures* (recueil).
Mme Hugo rompt avec Sainte-Beuve.
Mort d'Eugène Hugo à l'asile.

1838 Lancement du théâtre de la Renaissance, sur l'initiative de Victor Hugo et Alexandre Dumas. On y joue *Ruy Blas* avec succès. La troupe sera cependant dissoute dès 1841.

1839 *Les Jumeaux* (drame). Pièce inachevée ayant pour thème le Masque de fer.

1840 *Les Rayons et les Ombres* (recueil).

1841 Après plusieurs échecs, Hugo est élu à l'Académie française.

1843 *15 février :* Léopoldine Hugo épouse Charles Vacquerie.
Les Burgraves (drame).
4 septembre : Léopoldine se noie dans la Seine avec son mari, à Villequier (Normandie). Bouleversé, Hugo cesse de publier pendant plusieurs années.

Repères historiques et culturels

1844 Dumas, *Les Trois Mousquetaires* (roman).
Mort de Pixérécourt.

1845 Dumas, *La Reine Margot* (roman).

1846 Dumas, *Le Comte de Monte-Cristo* (roman).

1848 Révolution de février. Proclamation de la IIe République.
Louis-Napoléon Bonaparte est élu président de la République.
Mort de Chateaubriand.

1850 Mort de Balzac.
Naissance de Maupassant.

1851 Coup d'État du 2 Décembre par Louis-Napoléon Bonaparte, le futur Napoléon III.

1852 Début du Second Empire dirigé par Napoléon III.
Gautier, *Émaux et Camées* (recueil).

Vie et œuvres de l'auteur

1844 Début de la liaison de Victor Hugo avec Léonie d'Aunet, écrivaine et exploratrice.

1845 Hugo est nommé pair de France par le roi Louis-Philippe.
Il est surpris en flagrant délit d'adultère avec Léonie d'Aunet, elle aussi mariée. Victor Hugo n'est pas inquiété. Léonie d'Aunet est conduite en prison, où elle reçoit des visites de Mme Hugo.
Hugo commence le roman *Les Misères*, qui deviendront *Les Misérables*.

1848 Hugo est élu maire provisoire du VIIIe arrondissement de Paris. Il est élu député et prononce de nombreux discours sur des sujets sociaux. Il lance le journal *L'Événement* avec ses deux fils.

1851 Après avoir soutenu Louis-Napoléon Bonaparte à la présidence, Hugo s'attaque à ses dérives autoritaires. Ses deux fils sont emprisonnés à la Conciergerie pour un article contre la peine de mort.
2 décembre : Hugo cherche vainement à s'opposer au coup d'État et doit quitter la France pour Bruxelles. C'est la fin de sa liaison avec Léonie d'Aunet mais ils resteront toujours en contact.

1852 *Napoléon le Petit* (pamphlet).
Les Châtiments (recueil).
Hugo est expulsé de Belgique et se réfugie sur l'île de Jersey. Il s'initie au spiritisme dont il devient un pratiquant passionné.

1855 Hugo est expulsé de Jersey. Il se réfugie sur l'île voisine de Guernesey.
Mort d'Abel Hugo.

1856 *Les Contemplations* (recueil).
Hugo achète Hauteville House et entreprend de la décorer entièrement à son goût. Juliette Drouet l'a suivi à Guernesey et habite dans la même rue.

Repères historiques et culturels

1857 Charles Baudelaire, avec *Les Fleurs du mal*, et Gustave Flaubert, avec *Madame Bovary*, sont tous deux attaqués en justice pour « outrage à la morale publique ». Flaubert est acquitté, tandis que Baudelaire perd son procès.
Mort d'Alfred de Musset.

1863 Le peintre Édouard Manet fait scandale avec *Le Déjeuner sur l'herbe.*

1865 Goncourt, *Germinie Lacerteux.*

1866 Verlaine, *Poèmes saturniens* (recueil).

1867 Zola, *Thérèse Raquin* (roman).

1870 Guerre franco-prussienne. Chute du Second Empire et proclamation de la IIIe République. Paris est encerclé.
Mort d'Alexandre Dumas.

Vie et œuvres de l'auteur

1859 Hugo refuse l'amnistie impériale.
La Légende des siècles (recueil).
François-Victor Hugo entame la traduction de l'intégrale des pièces de Shakespeare.

1862 *Les Misérables* (roman).

1863 Mme Hugo publie *Victor Hugo raconté par un témoin de sa vie*.
Adèle Hugo fuit au Canada pour retrouver l'officier Albert Pinson qu'elle aime d'un amour à sens unique.
Publication des *Dessins* de Victor Hugo, préfacés par Théophile Gautier.

1865 *La Grand'Mère* (drame). Hugo entame le projet du *Théâtre en liberté*.
Chansons des rues et des bois (recueil).

1866 *Mille Francs de récompense* (drame).
Les Travailleurs de la mer (roman).
L'Intervention (drame).
Adèle Hugo suit l'officier Pinson à la Barbade.

1867 *Mangeront-ils ?* (drame).
20 juin : Reprise d'*Hernani* à Paris.
5 décembre : Interdiction de la reprise de *Ruy Blas*.

1868 Mort de Mme Hugo à Bruxelles. Elle est enterrée à Villequier, près de sa fille Léopoldine.

1869 *L'Épée* (drame).
L'homme qui rit (roman).
Torquemada (drame).
Welf, Castellan d'Osbor (drame).

1870 Reprise de *Lucrèce Borgia*.
Hugo rentre triomphalement à Paris après dix-huit ans d'exil.

Repères historiques et culturels

1871 *18 mars-28 mai :* Commune de Paris, insurrection contre le gouvernement réprimée durant la « Semaine sanglante ».

1872 Mort de Théophile Gautier.

1873 Monet, *Impression, soleil levant.* Ce tableau est considéré comme le premier tableau impressionniste et son titre est à l'origine du nom du mouvement.

1880 Mort de Flaubert.

1885 Maupassant, *Bel-Ami.*

1886 Rimbaud, *Illuminations.*

Vie et œuvres de l'auteur

1871 Hugo est élu député de la Seine mais démissionne trois mois plus tard.
Mort de Charles Hugo, qui laisse deux enfants : Georges et Jeanne.

1872 Reprise de *Ruy Blas*.
L'Année terrible.
Adèle Hugo rentre en France où elle est internée. Elle mourra, toujours internée, en 1915 et sera inhumée à Villequier.

1873 Reprises de *Marion de Lorme* et de *Marie Tudor*.
Hugo achève son projet de *Théâtre en liberté*.
Mort de François-Victor Hugo.

1874 *Quatrevingt-treize* (roman).

1875 *Actes et paroles* (discours).

1876 Hugo est élu sénateur de la Seine.

1877 *La Légende des siècles* (deuxième série).
L'Art d'être grand-père (recueil).

1878 Malaise de Victor Hugo qui part se reposer à Guernesey.
Il cesse peu à peu d'écrire.

1880 Cinquantième anniversaire d'*Hernani* à la Comédie-Française.

1881 *Quatre Vents de l'esprit* (recueil).
On fête la quatre-vingtième année de Victor Hugo et des foules d'admirateurs passent sous ses fenêtres. Pour l'occasion, l'avenue dans laquelle il habite est renommée « avenue Victor-Hugo ».

1882 Reprise du *Roi s'amuse*.

1883 Mort de Juliette Drouet. Hugo cesse tout à fait d'écrire.
La Légende des siècles (troisième série).

1885 *22 mai :* Mort de Victor Hugo à Paris. Il reçoit des funérailles nationales et ses cendres sont déposées directement au Panthéon.

1887 *Choses vues* (autobiographie).

■ Mise en scène de Nicolas Lormeau au théâtre du Vieux-Colombier de la Comédie-Française (2013), avec Félicien Juttner (Hernani), Jérôme Pouly (Don Carlos) et Bruno Rafaelli (Don Ruy Gomez).

Hernani

« Si le drame avait eu six actes, nous tombions tous asphyxiés. »

■ Grandville (1803-1847), *Les Romains échevelés à la première représentation d'Hernani* (1846), Guernesey, Hauteville House.

NOTE DE L'ÉDITEUR : la présente édition reprend le texte de l'édition de Furne (1841) et s'appuie sur l'appareil de notes de Florence Naugrette pour l'édition de la collection GF-Flammarion (2012).

Préface

L'auteur de ce drame écrivait il y a peu de semaines à propos d'un poète mort avant l'âge [1] :

« … Dans ce moment de mêlée et de tourmente littéraire, qui faut-il plaindre, ceux qui meurent ou ceux qui combattent ? Sans doute, il est triste de voir un poète de vingt ans qui s'en va, une lyre qui se brise, un avenir qui s'évanouit ; mais n'est-ce pas quelque chose aussi que le repos ? N'est-il pas permis à ceux autour desquels s'amassent incessamment calomnies, injures, haines, jalousies, sourdes menées [2], basses trahisons ; hommes loyaux auxquels on fait une guerre déloyale ; hommes dévoués qui ne voudraient enfin que doter le pays d'une liberté de plus, celle de l'art, celle de l'intelligence ; hommes laborieux qui poursuivent paisiblement leur œuvre de conscience, en proie d'un côté à de viles machinations de censure et de police, en butte de l'autre, trop souvent, à l'ingratitude des esprits mêmes pour lesquels ils travaillent ; ne leur est-il pas permis de retourner quelquefois la tête avec envie vers ceux qui sont tombés derrière eux et qui dorment dans le tombeau ? *Invideo*, disait Luther dans le cimetière de Worms, *invideo, quia quiescunt* [3].

---

1. Il s'agit du jeune poète et journaliste Charles Dovalle, mort en duel à l'âge de vingt-deux ans, en novembre 1829.
2. ***Menées*** : machinations.
3. ***Invideo, quia quiescunt*** : « Je les envie, parce qu'ils reposent. » (Citation de ***Martin Luther*** [1483-1546], l'un des fondateurs du protestantisme.)

Qu'importe toutefois ? Jeunes gens, ayons bon courage ! si rude qu'on nous veuille faire le présent, l'avenir sera beau. Le romantisme, tant de fois mal défini, n'est, à tout prendre, et c'est là sa définition réelle si l'on ne l'envisage que sous son côté militant, que le *libéralisme* en littérature. Cette vérité est déjà comprise à peu près de tous les bons esprits, et le nombre en est grand ; et bientôt, car l'œuvre est déjà bien avancée, le libéralisme littéraire ne sera pas moins populaire que le libéralisme politique [1]. La liberté dans l'art, la liberté dans la société, voilà le double but auquel doivent tendre d'un même pas tous les esprits conséquents [2] et logiques ; voilà la double bannière qui rallie, à bien peu d'intelligences près (lesquelles s'éclaireront), toute la jeunesse si forte et si patiente aujourd'hui ; puis, avec la jeunesse et à sa tête, l'élite de la génération qui nous a précédés, tous ces sages vieillards qui, après le premier moment de défiance et d'examen, ont reconnu que ce que font leurs fils est une conséquence de ce qu'ils ont fait eux-mêmes, et que la liberté littéraire est fille de la liberté politique. Ce principe est celui du siècle, et prévaudra. Les *Ultras* [3] de tout genre, classiques ou monarchiques, auront beau se prêter secours pour refaire l'ancien régime de toutes pièces, société et littérature ; chaque progrès du pays, chaque développement des intelligences, chaque pas de la liberté fera crouler tout ce qu'ils auront échafaudé. Et, en définitive, leurs efforts de réaction auront été utiles. En révolution, tout mouvement fait avancer. La vérité et la liberté ont cela d'excellent que tout ce qu'on fait pour elles et tout ce qu'on fait contre elles les sert également. Or, après tant de grandes choses que nos pères ont faites et que nous avons vues, nous voilà sortis de la vieille forme sociale ; comment ne sortirions-nous pas de la vieille

---

1. *Libéralisme politique* : doctrine construite progressivement contre l'absolutisme et qui assigne à l'État un rôle important dans la protection des libertés individuelles, tout en fixant des limites à son action.

2. *Conséquents* : réfléchis.

3. Référence aux ultraroyalistes, défenseurs des principes de l'Ancien Régime.

forme poétique ? À peuple nouveau, art nouveau. Tout en admirant la littérature de Louis XIV si bien adaptée à sa monarchie, elle saura bien avoir sa littérature propre et personnelle et nationale, cette France actuelle, cette France du dix-neuvième siècle à qui Mirabeau [1] a fait sa liberté et Napoléon sa puissance. »

Qu'on pardonne à l'auteur de ce drame de se citer ici lui-même ; ses paroles ont si peu le don de se graver dans les esprits, qu'il aurait souvent besoin de les rappeler. D'ailleurs, aujourd'hui, il n'est peut-être point hors de propos de remettre sous les yeux des lecteurs les deux pages qu'on vient de transcrire. Ce n'est pas que ce drame puisse en rien mériter le beau nom d'*art nouveau*, de *poésie nouvelle*, loin de là ; mais c'est que le principe de la liberté en littérature vient de faire un pas ; c'est qu'un progrès vient de s'accomplir, non dans l'art, ce drame est trop peu de chose, mais dans le public ; c'est que, sous ce rapport du moins, une partie des pronostics hasardés plus haut viennent de se réaliser.

Il y avait péril, en effet, à changer ainsi brusquement d'auditoire, à risquer sur le théâtre des tentatives confiées jusqu'ici seulement au papier *qui souffre tout* [2] ; le public des livres est bien différent du public des spectacles, et l'on pouvait craindre de voir le second repousser ce que le premier avait accepté. Il n'en a rien été. Le principe de la liberté littéraire, déjà compris par le monde qui lit et qui médite, n'a pas été moins complètement adopté par cette immense foule, avide des pures émotions de l'art, qui inonde chaque soir les théâtres de Paris. Cette voix haute et puissante du peuple, qui ressemble à celle de Dieu, veut désormais

1. Le ***comte de Mirabeau*** (1749-1791), brillant orateur, fut l'un des hommes politiques les plus influents au début de la Révolution française. Dès le mois de mai 1789, il contribua à l'instauration de la liberté de la presse. Il participa à la rédaction de la Déclaration des droits de l'homme et du citoyen de 1789.

2. Allusion à la pièce *Cromwell*, qui n'avait pas été jouée, et dont la publication était destinée à la lecture.

que la poésie ait la même devise que la politique : TOLÉRANCE ET LIBERTÉ.

Maintenant, vienne le poète ! il y a un public.

Et cette liberté, le public la veut telle qu'elle doit être, se conciliant avec l'ordre, dans l'État, avec l'art, dans la littérature. La liberté a une sagesse qui lui est propre, et sans laquelle elle n'est pas complète. Que les vieilles règles de d'Aubignac [1] meurent avec les vieilles coutumes de Cujas [2], cela est bien ; qu'à une littérature de cour succède une littérature de peuple, cela est mieux encore ; mais surtout qu'une raison intérieure se rencontre au fond de toutes ces nouveautés. Que le principe de liberté fasse son affaire, mais qu'il la fasse bien. Dans les lettres, comme dans la société, point d'étiquette, point d'anarchie ; des lois. Ni talons rouges, ni bonnets rouges [3].

Voilà ce que veut le public, et il veut bien. Quant à nous, par déférence [4] pour ce public qui a accueilli, avec tant d'indulgence, un essai qui en méritait si peu, nous lui donnons ce drame aujourd'hui tel qu'il a été représenté. Le jour viendra peut-être de le publier tel qu'il a été conçu par l'auteur [5], en indiquant et en discutant les modifications que la scène lui a fait subir. Ces détails de

---

1. L'***abbé d'Aubignac*** (1604-1676) fut l'auteur de *La Pratique du théâtre* (1657), un des traités qui fixèrent la doctrine classique à partir de l'observation des productions de son époque et en se réclamant d'Aristote.

2. ***Jacques Cujas*** (1522-1590), jurisconsulte français, plaida pour une refonte des anciens droits coutumiers en vue de leur unification sur le territoire français dans un nouveau droit écrit. Elle sera effectuée par le Code Napoléon.

3. ***Ni talons rouges, ni bonnets rouges*** : les talons rouges sont une référence à la noblesse et les bonnets rouges aux révolutionnaires.

4. ***Déférence*** : respect.

5. Ce jour, prédit par l'auteur, est venu. Nous donnons dans cette édition *Hernani* tout entier, tel que le poète l'avait écrit, avec les développements de passion, les détails de mœurs et les saillies de caractères que la représentation avait retranchés. Quant à la discussion critique que l'auteur indique, elle sortira d'elle-même, pour tous les lecteurs, de la comparaison qu'ils pourront faire entre l'*Hernani* tronqué du théâtre et l'*Hernani* de cette édition. Espé-

critique peuvent ne pas être sans intérêt ni sans enseignements, mais ils sembleraient minutieux aujourd'hui ; la liberté de l'art est admise, la question principale est résolue ; à quoi bon s'arrêter aux questions secondaires ? Nous y reviendrons du reste quelque jour, et nous parlerons aussi, bien en détail, en la ruinant par les raisonnements et par les faits, de cette censure dramatique qui est le seul obstacle à la liberté du théâtre, maintenant qu'il n'y en a plus dans le public. Nous essaierons, à nos risques et périls et par dévouement aux choses de l'art, de caractériser les mille abus de cette petite inquisition de l'esprit, qui a, comme l'autre Saint-Office[1], ses juges secrets, ses bourreaux masqués, ses tortures, ses mutilations, et sa peine de mort. Nous déchirerons, s'il se peut, ces langes[2] de police dont il est honteux que le théâtre soit encore emmailloté au dix-neuvième siècle.

Aujourd'hui il ne doit y avoir place que pour la reconnaissance et les remerciements. C'est au public que l'auteur de ce drame adresse les siens, et du fond du cœur. Cette œuvre, non de talent, mais de conscience et de liberté, a été généreusement protégée contre bien des inimitiés[3] par le public, parce que le public est toujours, aussi lui, consciencieux et libre. Grâces lui soient donc rendues, ainsi qu'à cette jeunesse puissante qui a porté aide et faveur à l'ouvrage d'un jeune homme sincère et indépendant comme elle ! C'est pour elle surtout qu'il travaille, parce que ce serait une gloire bien haute que l'applaudissement de cette élite de jeunes hommes, intelligente, logique, conséquente, vraiment libérale en littérature comme en politique,

---

rons tout des progrès que le public des théâtres fait chaque jour. [*Note de l'éditeur, mai 1836*]

1. *Saint-Office* : tribunal de l'Inquisition de l'Église catholique romaine, fondé au XVIe siècle pour juger les cas d'hérésie et qui, par la suite, établit la liste des livres défendus.

2. *Langes* : tissus enveloppant les nouveau-nés.

3. *Inimitiés* : haines.

noble génération qui ne se refuse pas à ouvrir les deux yeux à la vérité et à recevoir la lumière des deux côtés.

Quant à son œuvre en elle-même, il n'en parlera pas. Il accepte les critiques qui en ont été faites, les plus sévères comme les plus bienveillantes, parce qu'on peut profiter à toutes. Il n'ose se flatter que tout le monde ait compris du premier coup ce drame, dont le *Romancero general*[1] est la véritable clef. Il prierait volontiers les personnes que cet ouvrage a pu choquer de relire *Le Cid*, *Don Sanche*, *Nicomède*[2], ou plutôt tout Corneille et tout Molière, ces grands et admirables poètes. Cette lecture, si pourtant elles veulent bien faire d'abord la part de l'immense infériorité de l'auteur d'*Hernani*, les rendra peut-être moins sévères pour certaines choses qui ont pu les blesser dans la forme ou dans le fond de ce drame. En somme, le moment n'est peut-être pas encore venu de le juger. *Hernani* n'est jusqu'ici que la première pierre d'un édifice qui existe tout construit dans la tête de son auteur, mais dont l'ensemble peut seul donner quelque valeur à ce drame. Peut-être ne trouvera-t-on pas mauvaise un jour la fantaisie qui lui a pris de mettre, comme l'architecte de Bourges, une porte presque moresque[3] à sa cathédrale gothique.

En attendant, ce qu'il a fait est bien peu de chose, il le sait. Puissent le temps et la force ne pas lui manquer pour achever son œuvre ! Elle ne vaudra qu'autant qu'elle sera terminée. Il n'est pas de ces poètes privilégiés qui peuvent mourir ou s'interrompre avant d'avoir fini, sans péril pour leur mémoire ; il n'est pas de ceux qui restent grands, même sans avoir complété leur

1. ***Romancero general*** : voir Présentation, p. 27.
2. ***Le Cid*** (1637), ***Don Sanche d'Aragon*** (1650) et ***Nicomède*** (1651) sont des œuvres de Corneille (1606-1684), auteur classique de tragédies, qui a eu une grande influence sur Hugo.
3. ***Moresque*** : écrit aussi « mauresque », l'adjectif désigne ce qui est caractéristique des Maures, terme vieilli désignant les populations d'Afrique du Nord qui dominèrent l'Espagne avant la Reconquête.

ouvrage, heureux hommes dont on peut dire ce que Virgile disait de Carthage ébauchée :

Pendent opera interrupta, minœque
Murorum ingentes[1] !

9 mars 1830.

---

1. Virgile, *Énéide*, IV, 88-89 : « les travaux interrompus demeurent en suspens : murs qui dressaient leurs puissantes menaces » (trad. Maurice Rat, GF-Flammarion, 1993).

Personnages

HERNANI.
DON CARLOS.
DON RUY GOMEZ DE SILVA.
DOÑA SOL DE SILVA.
LE ROI DE BOHÊME.
LE DUC DE BAVIÈRE.
LE DUC DE GOTHA.
LE BARON DE HOHENBOURG.
LE DUC DE LUTZELBOURG.
IAQUEZ.
DON SANCHO.
DON MATIAS.
DON RICARDO.
DON GARCI SUAREZ.
DON FRANCISCO.
DON JUAN DE HARO.
DON PEDRO GUZMAN DE LARA
DON GIL TELLEZ GIRON.
DOÑA JOSEFA DUARTE.
UN MONTAGNARD.
UNE DAME.
PREMIER CONJURÉ.
DEUXIÈME CONJURÉ.
TROISIÈME CONJURÉ.
CONJURÉS[1] DE LA LIGUE SACRO-SAINTE[2], ALLEMANDS ET ESPAGNOLS.
MONTAGNARDS, SEIGNEURS, SOLDATS, PAGES[3], PEUPLE, etc.

Espagne – 1519.

---

1. ***Conjurés*** : comploteurs.

2. ***Conjurés de la ligue sacro-sainte*** : la présence de cette ligue hostile à Charles Quint dans la pièce de Hugo constitue un anachronisme, dans la mesure où celle-ci ne se constitua en réalité qu'en 1521.

3. ***Pages*** : jeunes nobles attachés au service d'un grand seigneur.

I. LE ROI

Saragosse[1]

Acte I

Une chambre à coucher. La nuit. Une lampe sur une table.

Scène 1

DOÑA JOSEFA DUARTE, *vieille, en noir, avec le corps de sa jupe*[2] *cousu de jais, à la mode d'Isabelle la Catholique*[3], DON CARLOS[4]

DOÑA JOSEFA, *seule.*

Elle ferme les rideaux cramoisis de la fenêtre et met en ordre quelques fauteuils. On frappe à une petite porte dérobée à droite. Elle écoute. On frappe un second coup.

Serait-ce déjà lui ?

Un nouveau coup.

---

1. ***Saragosse*** : capitale de la région d'Aragon, située au nord-est de l'Espagne.
2. ***Le corps de [la] jupe*** : partie du vêtement entourant le buste.
3. ***Isabelle la Catholique*** : reine d'Espagne (1451-1504). Doña Josefa Duarte est donc vêtue selon une mode ancienne.
4. ***Don Carlos*** : Charles Ier (1500-1558), roi d'Espagne depuis 1516 et futur empereur Charles Quint.

C'est bien à l'escalier
Dérobé

Un quatrième coup.

Vite, ouvrons !

Elle ouvre la petite porte masquée. Entre don Carlos, le manteau sur le nez et le chapeau sur les yeux.

Bonjour, beau cavalier.

Elle l'introduit. Il écarte son manteau et laisse voir un riche costume de velours et de soie, à la mode castillane de 1519. Elle le regarde sous le nez et recule étonnée.

Quoi, seigneur Hernani, ce n'est pas vous ! – Main-forte !
Au feu !

DON CARLOS, *lui saisissant le bras.*
Deux mots de plus, duègne[1], vous êtes morte !

Il la regarde fixement. Elle se tait effrayée.

Suis-je chez doña Sol ? fiancée au vieux duc
De Pastrana, son oncle, un bon seigneur, caduc[2],
Vénérable et jaloux ? Dites ? La belle adore
Un cavalier sans barbe et sans moustache encore,
Et reçoit tous les soirs, malgré les envieux,
Le jeune amant[3] sans barbe à la barbe du vieux.
Suis-je bien informé ?

Elle se tait. Il la secoue par le bras.

---

1. ***Duègne*** : femme âgée, chargée de veiller sur la conduite d'une jeune fille.
2. ***Caduc*** : vieux.
3. ***Amant*** : le mot a ici le sens classique de « qui aime et est aimé ».

Vous répondrez peut-être ?

DOÑA JOSEFA

Vous m'avez défendu de dire deux mots, maître.

DON CARLOS

Aussi n'en veux-je qu'un. – Oui, – non. – Ta dame est bien
Doña Sol de Silva ? parle.

DOÑA JOSEFA

Oui. – Pourquoi ?

DON CARLOS

Pour rien.
Le duc, son vieux futur, est absent à cette heure ?

DOÑA JOSEFA

Oui.

DON CARLOS

Sans doute elle attend son jeune ?

DOÑA JOSEFA

Oui.

DON CARLOS

Que je meure !

DOÑA JOSEFA

Oui.

DON CARLOS

Duègne ! c'est ici qu'aura lieu l'entretien ?

DOÑA JOSEFA

Oui.

DON CARLOS

Cache-moi céans [1] !

DOÑA JOSEFA

Vous !

DON CARLOS

Moi.

DOÑA JOSEFA

Pourquoi ?

DON CARLOS

Pour rien.

DOÑA JOSEFA

Moi vous cacher !

DON CARLOS

Ici.

DOÑA JOSEFA

Jamais !

DON CARLOS,

tirant de sa ceinture une bourse et un poignard.

Daignez, madame,
Choisir de cette bourse ou bien de cette lame.

DOÑA JOSEFA, *prenant la bourse.*

Vous êtes donc le diable ?

---

1. ***Céans*** : ici.

DON CARLOS

Oui, duègne.

DOÑA JOSEFA, *ouvrant une armoire étroite dans le mur.*

Entrez ici.

DON CARLOS, *examinant l'armoire.*

Cette boîte !

DOÑA JOSEFA, *la refermant.*

Va-t'en si tu n'en veux pas !

DON CARLOS, *rouvrant l'armoire.*

Si !

L'examinant encore.

Serait-ce l'écurie où tu mets d'aventure
Le manche du balai qui te sert de monture ?

Il s'y blottit avec peine.

Ouf !

DOÑA JOSEFA, *joignant les mains avec scandale.*

Un homme ici !

DON CARLOS, *dans l'armoire restée ouverte.*

C'est une femme, – est-ce pas [1], –
Qu'attendait ta maîtresse ?

DOÑA JOSEFA

Ô ciel ! j'entends le pas
De doña Sol. – Seigneur, fermez vite la porte.

---

1. ***Est-ce pas*** : n'est-ce pas.

Elle pousse la porte de l'armoire qui se referme.

DON CARLOS, *de l'intérieur de l'armoire.*

Si vous dites un mot, duègne, vous êtes morte !

DOÑA JOSEFA, *seule.*

Qu'est cet homme ? Jésus mon Dieu ! si j'appelais ?…
Qui ? – Hors madame et moi, tout dort dans le palais.
– Bah ! l'autre va venir ; la chose le regarde.
Il a sa bonne épée, et que le ciel nous garde
De l'enfer !

Pesant la bourse.

Après tout, ce n'est pas un voleur.

Entre doña Sol, en blanc. Doña Josefa cache la bourse.

Scène 2

DOÑA JOSEFA, DON CARLOS, *caché*, DOÑA SOL, *puis* HERNANI.

DOÑA SOL

Josefa !

DOÑA JOSEFA

Madame !

DOÑA SOL

Ah ! je crains quelque malheur.
Hernani devrait être ici !

Bruit de pas à la petite porte.

Voici qu'il monte !

Ouvre avant qu'il ne frappe, et fais vite, et sois prompte !

Josefa ouvre la petite porte. Entre Hernani. Grand manteau, grand chapeau. Dessous, un costume de montagnard d'Aragon[1]*, gris, avec une cuirasse de cuir ; une épée, un poignard et un cor*[2] *à sa ceinture.*

DOÑA SOL, *courant à lui.*

Hernani !

HERNANI

Doña Sol ! ah ! c'est vous que je vois
Enfin ! et cette voix qui parle est votre voix !
Pourquoi le sort mit-il mes jours si loin des vôtres ?
J'ai tant besoin de vous pour oublier les autres !

DOÑA SOL, *touchant ses vêtements.*

Jésus ! votre manteau ruisselle ! il pleut donc bien ?

HERNANI

Je ne sais.

DOÑA SOL

Vous devez avoir froid ?

HERNANI

Ce n'est rien.

DOÑA SOL

Ôtez donc ce manteau !

---

1. ***Aragon*** : longeant les Pyrénées, l'Aragon est une région frontalière de la France.
2. ***Cor*** : voir note 2, p. 33.

HERNANI

Doña Sol, mon amie !
Dites-moi, quand la nuit vous êtes endormie,
Calme, innocente et pure, et qu'un sommeil joyeux
Entrouvre votre bouche et du doigt clôt vos yeux,
Un ange vous dit-il combien vous êtes douce
Au malheureux que tout abandonne et repousse ?

DOÑA SOL

Vous avez bien tardé, seigneur ! mais dites-moi
Si vous avez froid ?

HERNANI

Moi ! je brûle près de toi !
Ah ! quand l'amour jaloux bouillonne dans nos têtes,
Quand notre cœur se gonfle et s'emplit de tempêtes,
Qu'importe ce que peut un nuage des airs
Nous jeter en passant de tempête et d'éclairs !

DOÑA SOL, *lui défaisant son manteau.*

Allons ! donnez la cape et l'épée avec elle !

HERNANI, *la main sur son épée.*

Non. C'est mon autre amie, innocente et fidèle. –
Doña Sol, le vieux duc, votre futur époux,
Votre oncle, est donc absent ?

DOÑA SOL

Oui, cette heure est à nous.

HERNANI

Cette heure ! et voilà tout. Pour nous, plus rien qu'une heure !
Après, qu'importe ! Il faut qu'on oublie ou qu'on meure.

Ange ! une heure avec vous ! une heure, en vérité,
À qui voudrait la vie, et puis l'éternité !

DOÑA SOL

Hernani !

HERNANI, *amèrement.*

Que je suis heureux que le duc sorte !
Comme un larron [1] qui tremble et qui force une porte,
Vite, j'entre, et vous vois, et dérobe au vieillard
Une heure de vos chants et de votre regard,
Et je suis bien heureux, et sans doute on m'envie
De lui voler une heure, et lui me prend ma vie !

DOÑA SOL

Calmez-vous.

Remettant le manteau à la duègne.

Josefa, fais sécher le manteau.

Josefa sort.
Elle s'assied et fait signe à Hernani de venir près d'elle.

Venez là.

HERNANI, *sans l'entendre.*

Donc le duc est absent du château ?

DOÑA SOL, *souriant.*

Comme vous êtes grand !

HERNANI

Il est absent !

---

1. ***Larron*** : voleur.

DOÑA SOL

Chère âme,

Ne pensons plus au duc.

HERNANI

Ah ! pensons-y, madame !

Ce vieillard ! il vous aime, il va vous épouser !
Quoi donc ! vous prit-il pas [1] l'autre jour un baiser ?
N'y plus penser !

DOÑA SOL, *riant.*

C'est là ce qui vous désespère !

Un baiser d'oncle ! au front ! presque un baiser de père !

HERNANI

Non. Un baiser d'amant, de mari, de jaloux.
Ah ! vous serez à lui, madame, y pensez-vous !
Ô l'insensé vieillard, qui, la tête inclinée,
Pour achever sa route et finir sa journée,
A besoin d'une femme, et va, spectre glacé,
Prendre une jeune fille ! Ô vieillard insensé !
Pendant que d'une main il s'attache à la vôtre,
Ne voit-il pas la mort qui l'épouse de l'autre ?
Il vient dans nos amours se jeter sans frayeur ?
Vieillard, va-t'en donner mesure au fossoyeur !
– Qui fait ce mariage ? on vous force, j'espère !

DOÑA SOL

Le roi, dit-on, le veut.

HERNANI

Le roi ! le roi ! mon père

1. ***Vous prit-il pas*** : ne vous prit-il pas.

Est mort sur l'échafaud[1], condamné par le sien[2].
Or, quoiqu'on ait vieilli depuis ce fait ancien,
Pour l'ombre du feu roi[3], pour son fils, pour sa veuve[4],
Pour tous les siens, ma haine est encor[5] toute neuve !
Lui, mort, ne compte plus. Et, tout enfant, je fis
Le serment de venger mon père sur son fils.
Je te cherchais partout, Carlos, roi des Castilles[6] !
Car la haine est vivace entre nos deux familles.
Les pères ont lutté sans pitié, sans remords,
Trente ans ! Or, c'est en vain que les pères sont morts,
Leur haine vit. Pour eux la paix n'est point venue,
Car les fils sont debout, et le duel continue.
Ah ! c'est donc toi qui veux cet exécrable hymen[7] !
Tant mieux. Je te cherchais, tu viens dans mon chemin !

DOÑA SOL

Vous m'effrayez !

HERNANI

Chargé d'un mandat d'anathème[8],
Il faut que j'en arrive à m'effrayer moi-même !
Écoutez : l'homme auquel, jeune, on vous destina,

---

1. ***L'échafaud*** : la potence.
2. ***Mon père [...] condamné par le sien*** : Charles Ier est le fils de Philippe Ier le Beau (1478-1506), roi des Pays-Bas et de Castille.
3. ***Feu roi*** : roi mort.
4. ***Sa veuve*** : il s'agit de Jeanne la Folle (1479-1555).
5. ***Encor*** : encore (licence poétique).
6. ***Carlos, roi des Castilles*** : le royaume castillan était alors composé de la « Vieille-Castille » (dont la capitale était Burgos) et de la Nouvelle-Castille (dont la capitale était Madrid).
7. ***Hymen*** : mariage. Pour la rime, on doit prononcer « hymin ».
8. ***Mandat d'anathème*** : décision de condamnation à l'exil, au bannissement.

Ruy de Silva, votre oncle, est duc de Pastrana,
Riche homme [1] d'Aragon, comte et grand [2] de Castille.
À défaut de jeunesse, il peut, ô jeune fille,
Vous apporter tant d'or, de bijoux, de joyaux,
Que votre front reluise entre des fronts royaux,
Et pour le rang, l'orgueil, la gloire et la richesse,
Mainte reine peut-être envîra [3] sa duchesse !
Voilà donc ce qu'il est. Moi, je suis pauvre, et n'eus,
Tout enfant, que les bois où je fuyais pieds nus.
Peut-être aurais-je aussi quelque blason illustre
Qu'une rouille de sang à cette heure délustre [4] ;
Peut-être ai-je des droits, dans l'ombre ensevelis,
Qu'un drap d'échafaud noir cache encor sous ses plis,
Et qui, si mon attente un jour n'est pas trompée,
Pourront de ce fourreau sortir avec l'épée.
En attendant, je n'ai reçu du ciel jaloux
Que l'air, le jour et l'eau, la dot [5] qu'il donne à tous.
Or du duc ou de moi souffrez qu'on vous délivre.
Il faut choisir des deux : l'épouser, ou me suivre.

DOÑA SOL

Je vous suivrai.

HERNANI

Parmi nos rudes compagnons,
Proscrits [6], dont le bourreau sait d'avance les noms,

---

1. ***Riche homme*** (en espagnol, « *rico hombre* ») : propriétaire, grand seigneur.
2. ***Grand*** : ici, échelon le plus haut de la noblesse espagnole (« grand d'Espagne »).
3. ***Mainte reine*** [...] ***envîra*** : plusieurs reines [...] envieront.
4. ***Délustre*** : ternit.
5. ***Dot*** : biens mis de côté en vue d'un mariage.
6. ***Proscrits*** : voir note 1, p. 31.

Gens dont jamais le fer ni le cœur ne s'émousse[1],
Ayant tous quelque sang à venger qui les pousse ?
Vous viendrez commander ma bande, comme on dit ?
Car, vous ne savez pas, moi, je suis un bandit !
Quand tout me poursuivait dans toutes les Espagnes[2],
Seule, dans ses forêts, dans ses hautes montagnes,
Dans ses rocs, où l'on n'est que de l'aigle aperçu,
La vieille Catalogne en mère m'a reçu.
Parmi ses montagnards, libres, pauvres et graves,
Je grandis, et demain, trois mille de ses braves[3],
Si ma voix dans leurs monts fait résonner ce cor,
Viendront... – Vous frissonnez ! réfléchissez encor.
Me suivre dans les bois, dans les monts, sur les grèves[4],
Chez des hommes pareils aux démons de vos rêves.
Soupçonner tout, les yeux, les voix, les pas, le bruit.
Dormir sur l'herbe, boire au torrent, et la nuit
Entendre, en allaitant quelque enfant qui s'éveille,
Les balles des mousquets[5] siffler à votre oreille.
Être errante avec moi, proscrite, et s'il le faut
Me suivre où je suivrai mon père, – à l'échafaud.

DOÑA SOL

Je vous suivrai.

HERNANI

Le duc est riche, grand, prospère.
Le duc n'a pas de tache au vieux nom de son père.

---

1. ***S'émousse*** : s'use.
2. ***Les Espagnes*** : les provinces espagnoles.
3. ***Braves*** : hommes courageux, qui affrontent les dangers avec détermination et panache.
4. ***Grèves*** : rivages.
5. ***Mousquets*** : fusils.

Le duc peut tout. Le duc vous offre avec sa main
Trésors, titres[1], bonheur…

DOÑA SOL

Nous partirons demain.
Hernani, n'allez pas sur mon audace étrange
Me blâmer. Êtes-vous mon démon ou mon ange ?
Je ne sais. Mais je suis votre esclave. Écoutez,
Allez où vous voudrez, j'irai. Restez, partez,
Je suis à vous. Pourquoi fais-je ainsi ? je l'ignore.
J'ai besoin de vous voir et de vous voir encore
Et de vous voir toujours. Quand le bruit de vos pas
S'efface, alors je crois que mon cœur ne bat pas,
Vous me manquez, je suis absente de moi-même ;
Mais dès qu'enfin ce pas que j'attends et que j'aime
Vient frapper mon oreille, alors il me souvient
Que je vis, et je sens mon âme qui revient !

HERNANI, *la serrant dans ses bras.*

Ange !

DOÑA SOL

À minuit. Demain. Amenez votre escorte.
Sous ma fenêtre. Allez, je serai brave et forte.
Vous frapperez trois coups.

HERNANI

Savez-vous qui je suis,
Maintenant ?

DOÑA SOL

Monseigneur, qu'importe ! je vous suis.

1. ***Titres*** : titres de noblesse.

HERNANI

Non. Puisque vous voulez me suivre, faible femme,
Il faut que vous sachiez quel nom, quel rang, quelle âme,
Quel destin est caché dans le pâtre[1] Hernani.
Vous voulez d'un brigand ? voulez-vous d'un banni ?

DON CARLOS, *ouvrant avec fracas la porte de l'armoire.*

Quand aurez-vous fini de conter votre histoire ?
Croyez-vous donc qu'on soit à l'aise en cette armoire ?

Hernani recule étonné. Doña Sol pousse un cri et se réfugie dans ses bras, en fixant sur don Carlos des yeux effarés.

HERNANI, *la main sur la garde de son épée.*

Quel est cet homme ?

DOÑA SOL

Ô ciel ! au secours !

HERNANI

Taisez-vous,
Doña Sol ! vous donnez l'éveil aux yeux jaloux.
Quand je suis près de vous, veuillez, quoi qu'il advienne,
Ne réclamer jamais d'autre aide que la mienne.

À don Carlos.

Que faisiez-vous là ?

DON CARLOS

Moi ? – Mais, à ce qu'il paraît,
Je ne chevauchais pas à travers la forêt.

1. ***Pâtre*** : berger.

HERNANI

Qui raille[1] après l'affront s'expose à faire rire
Aussi son héritier !

DON CARLOS

Chacun son tour. – Messire,
Parlons franc. Vous aimez madame et ses yeux noirs,
Vous y venez mirer les vôtres tous les soirs,
C'est fort bien. J'aime aussi madame, et veux connaître
Qui j'ai vu tant de fois entrer par la fenêtre,
Tandis que je restais à la porte.

HERNANI

En honneur,
Je vous ferai sortir par où j'entre, seigneur.

DON CARLOS

Nous verrons. J'offre donc mon amour à madame.
Partageons. Voulez-vous ? J'ai vu dans sa belle âme
Tant d'amour, de bonté, de tendres sentiments,
Que madame, à coup sûr, en a pour deux amants[2].
– Or, ce soir, voulant mettre à fin[3] mon entreprise,
Pris, je pense, pour vous, j'entre ici par surprise,
Je me cache, j'écoute, à ne vous celer rien[4] ;
Mais j'entendais très mal et j'étouffais très bien.
Et puis, je chiffonnais ma veste à la française[5].
Ma foi, je sors !

---

1. ***Qui raille*** : qui se moque.
2. ***Amants*** : voir note 3, p. 60.
3. ***Mettre à fin*** : conclure, faire avancer.
4. ***À ne vous celer rien*** : pour ne rien vous cacher.
5. ***Veste à la française*** : habit de cour à col droit.

HERNANI

Ma dague[1] aussi n'est pas à l'aise
Et veut sortir !

DON CARLOS, *le saluant.*

Monsieur, c'est comme il vous plaira.

HERNANI, *tirant son épée.*

En garde !

Don Carlos tire son épée.

DOÑA SOL, *se jetant entre eux deux.*

Hernani ! Ciel !

DON CARLOS

Calmez-vous, señora.

HERNANI, *à don Carlos.*

Dites-moi votre nom.

DON CARLOS

Hé ! dites-moi le vôtre !

HERNANI

Je le garde, secret et fatal[2], pour un autre
Qui doit un jour sentir, sous mon genou vainqueur,
Mon nom à son oreille, et ma dague à son cœur !

---

1. ***Dague*** : poignard ou courte épée. Hugo avait écrit « bague » sur son manuscrit, le mot faisant référence à un jeu d'adresse au cours duquel un cavalier devait enlever, à l'aide de sa lance, un ou plusieurs anneaux (appelés « bagues ») suspendus à un poteau. Répétée par le copiste, l'erreur a perduré pendant un temps.

2. ***Fatal*** : ici, funeste, qui conduit à la mort.

DON CARLOS

Alors, quel est le nom de l'autre ?

HERNANI

Que t'importe !

En garde ! défends-toi !

Ils croisent leurs épées. Doña Sol tombe tremblante sur un fauteuil. On entend des coups à la porte.

DOÑA SOL, *se levant avec effroi.*

Ciel ! on frappe à la porte !

Les champions[1] *s'arrêtent. Entre Josefa par la petite porte et tout effarée.*

HERNANI, *à Josefa.*

Qui frappe ainsi ?

DOÑA JOSEFA, *à doña Sol.*

Madame ! un coup inattendu !

C'est le duc qui revient !

DOÑA SOL, *joignant les mains.*

Le duc ! tout est perdu !

Malheureuse !

DOÑA JOSEFA, *jetant les yeux autour d'elle.*

Jésus ! l'inconnu ! les épées !

On se battait. Voilà de belles équipées[2] !

Les deux combattants remettent leurs épées dans le fourreau. Don Carlos s'enveloppe dans son manteau et rabat son chapeau sur ses yeux. On frappe.

---

1. ***Champions*** : combattants qui s'affrontent.
2. ***Équipées*** : actions menées sans réflexion, de façon impulsive.

HERNANI

Que faire ?

On frappe.

UNE VOIX, *au-dehors.*

Doña Sol, ouvrez-moi !

Doña Josefa fait un pas vers la porte.
Hernani l'arrête.

HERNANI

N'ouvrez pas.

DOÑA JOSEFA, *tirant son chapelet*[1].

Saint Jacques monseigneur[2], tirez-nous de ce pas !

On frappe de nouveau.

HERNANI,
montrant l'armoire à don Carlos.

Cachons-nous.

DON CARLOS

Dans l'armoire ?

HERNANI

Entrez-y. Je m'en charge.
Nous y tiendrons tous deux.

DON CARLOS

Grand merci, c'est trop large.

---

1. ***Chapelet*** : objet religieux composé de grains enfilés sur un cordon et qui sert à la prière.
2. ***Saint Jacques monseigneur*** : doña Josefa fait vraisemblablement référence à saint Jacques le Majeur, patron de l'Espagne, qui mourut en martyr en l'an 44.

HERNANI, *montrant la petite porte.*

Fuyons par là.

DON CARLOS

Bonsoir, pour moi, je reste ici.

HERNANI

Ah ! tête et sang, monsieur ! Vous me paierez ceci !

À doña Sol.

Si je barricadais l'entrée ?

DON CARLOS, *à Josefa.*

Ouvrez la porte.

HERNANI

Que dit-il ?

DON CARLOS, *à Josefa interdite.*

Ouvrez donc, vous dis-je !

On frappe toujours. Doña Josefa va ouvrir en tremblant.

DOÑA SOL

Je suis morte !

Scène 3

LES MÊMES, DON RUY GOMEZ DE SILVA, *barbe et cheveux blancs, en noir ; valets avec des flambeaux.*

DON RUY GOMEZ

Des hommes chez ma nièce à cette heure de nuit !
Venez tous ! cela vaut la lumière et le bruit.

À doña Sol.

Par saint Jean d'Ávila[1], je crois que, sur mon âme,
Nous sommes trois chez vous[2], c'est trop de deux, madame.

Aux deux jeunes gens.

Mes jeunes cavaliers, que faites-vous céans[3] ? –
Quand nous avions le Cid et Bernard[4], ces géants
De l'Espagne et du monde allaient par les Castilles[5]
Honorant les vieillards et protégeant les filles.
C'étaient des hommes forts et qui trouvaient moins lourds
Leur fer et leur acier que vous votre velours.
Ces hommes-là portaient respect aux barbes grises,
Faisaient agenouiller leur amour aux églises,
Ne trahissaient personne, et donnaient pour raison
Qu'ils avaient à garder l'honneur de leur maison.
S'ils voulaient une femme, ils la prenaient sans tache,
En plein jour, devant tous, et l'épée, ou la hache,
Ou la lance à la main ! – Et quant à ces félons[6]
Qui, le soir, et les yeux tournés vers leurs talons,
Ne fiant qu'à la nuit leurs manœuvres infâmes,
Par-derrière aux maris volent l'honneur des femmes,
J'affirme que le Cid, cet aïeul de nous tous,

---

1. ***Saint Jean d'Ávila*** : il s'agit d'un léger anachronisme dans la mesure où ce théologien espagnol, né en 1500 dans une petite ville castillane, n'était pas encore considéré comme un saint en 1519.
2. ***Trois chez vous*** : référence au sous-titre prévu dans un premier temps pour *Hernani* : *Tres para una* (« Trois pour une »).
3. ***Céans*** : voir note 1, p. 62.
4. ***Le Cid*** : figure héroïque de l'Espagne du XIe siècle, qui servit de modèle à la tragi-comédie de Corneille, *Le Cid* (1637). ***Bernard del Carpio*** : héros castillan du IXe siècle, comparable au Cid, et notamment connu pour être le rival de Roland, qu'il vainquit à Roncevaux.
5. ***Les Castilles*** : voir note 6, p. 69.
6. ***Félons*** : traîtres.

Les eût tenus pour vils et fait mettre à genoux,
Et qu'il eût, dégradant leur noblesse usurpée,
Souffleté [1] leur blason du plat de son épée !
Voilà ce que feraient, j'y songe avec ennui [2],
Les hommes d'autrefois aux hommes d'aujourd'hui.
– Qu'êtes-vous venus faire ici ? C'est donc à dire
Que je ne suis qu'un vieux dont les jeunes vont rire ?
On va rire de moi, soldat de Zamora [3] !
Et quand je passerai, tête blanche, on rira !
Ce n'est pas vous du moins qui rirez !

HERNANI

Duc...

DON RUY GOMEZ

Silence !

Quoi ! vous avez l'épée, et la dague [4], et la lance,
La chasse, les festins, les meutes, les faucons [5],
Les chansons à chanter le soir sous les balcons,
Les plumes au chapeau, les casaques [6] de soie,
Les bals, les carrousels [7], la jeunesse, la joie,
Enfants, l'ennui vous gagne ! À tout prix, au hasard,
Il vous faut un hochet. Vous prenez un vieillard !

---

1. ***Souffleté*** : frappé vivement.
2. ***Ennui*** : ici, chagrin, tourment (sens classique).
3. ***Zamora*** : ancienne ville de la province du Léon, qui fut l'objet d'une intense lutte entre les chrétiens et les Maures (voir note 3, p. 56). Théâtre de batailles spectaculaires durant la période de la *Reconquista* (901, 985, 1093), Zamora est par ailleurs célèbre pour abriter la maison du Cid.
4. ***Dague*** : voir note 1, p. 75.
5. La chasse aux faucons était réservée aux nobles.
6. ***Casaques*** : vêtements masculins à larges manches.
7. ***Carrousels*** : tournois spectaculaires exécutés par des cavaliers à l'occasion d'une fête.

Ah ! vous l'avez brisé, le hochet ! mais Dieu fasse
Qu'il vous puisse en éclats rejaillir à la face ! –
Suivez-moi [1] !

HERNANI

Seigneur duc...

DON RUY GOMEZ

Suivez-moi ! suivez-moi !
Messieurs ! avons-nous fait cela pour rire ? Quoi !
Un trésor est chez moi : c'est l'honneur d'une fille,
D'une femme, l'honneur de toute une famille ;
Cette fille, je l'aime, elle est ma nièce, et doit
Bientôt changer sa bague à l'anneau [2] de mon doigt.
Je la crois chaste et pure et sacrée à tout homme ;
Or il faut que je sorte une heure, et moi qu'on nomme
Ruy Gomez de Silva, je ne puis l'essayer
Sans qu'un larron [3] d'honneur se glisse à mon foyer !
Arrière ! lavez donc vos mains, hommes sans âmes,
Car, rien qu'en y touchant, vous nous tachez nos femmes !
Non. C'est bien. Poursuivez. Ai-je autre chose encor ?

Il arrache son collier.

Tenez, foulez aux pieds, foulez ma Toison d'or [4].

Il jette son chapeau.

Arrachez mes cheveux, faites-en chose vile !
Et vous pourrez demain vous vanter par la ville

---

1. Don Ruy Gomez les provoque en duel.
2. ***Changer sa bague à l'anneau*** : échanger sa bague contre l'anneau.
3. ***Larron*** : voir note 1, p. 67.
4. ***Toison d'or*** : ordre de chevalerie d'un très grand prestige, institué par Philippe le Bon en 1429. Son nom est une référence directe à la quête mythique de Jason et des Argonautes.

Que jamais débauchés, dans leurs jeux insolents,
N'ont sur plus noble front souillé [1] cheveux plus blancs !

DOÑA SOL

Monseigneur...

DON RUY GOMEZ, *à ses valets.*

Écuyers ! écuyers ! à mon aide !
Ma hache, mon poignard, ma dague de Tolède [2] !

Aux deux jeunes gens.

Et suivez-moi tous deux.

DON CARLOS, *faisant un pas.*

Duc, ce n'est pas d'abord
De cela qu'il s'agit. Il s'agit de la mort
De Maximilien, empereur d'Allemagne [3].

Il jette son manteau et découvre son visage, caché par son chapeau.

DON RUY GOMEZ

Raillez-vous [4] ?... Dieu ! le roi !

DOÑA SOL

Le roi !

HERNANI, *dont les yeux s'allument.*

Le roi d'Espagne !

---

1. ***Souillé*** : profané.
2. ***Tolède*** : ville de Nouvelle-Castille, célèbre pour ses fabriques d'armes blanches.
3. ***Maximilien, empereur d'Allemagne*** : voir note 2, p. 28.
4. ***Raillez-vous ?*** : voir note 1, p. 74.

DON CARLOS, *gravement.*

Oui, Carlos. – Seigneur duc, es-tu donc insensé ?
Mon aïeul l'empereur est mort. Je ne le sais
Que de ce soir. Je viens tout en hâte et moi-même
Dire la chose à toi, féal[1] sujet que j'aime,
Te demander conseil, incognito, la nuit,
Et l'affaire est bien simple, et voilà bien du bruit !

Don Ruy Gomez renvoie ses gens d'un signe. Il s'approche de don Carlos, que doña Sol examine avec crainte et surprise, et sur lequel Hernani, demeuré dans un coin, fixe des yeux étincelants.

DON RUY GOMEZ

Mais pourquoi tarder tant à m'ouvrir cette porte ?

DON CARLOS

Belle raison ! tu viens avec toute une escorte !
Quand un secret d'État m'amène en ton palais,
Duc, est-ce pour l'aller dire à tous tes valets ?

DON RUY GOMEZ

Altesse, pardonnez… l'apparence…

DON CARLOS

Bon père,
Je t'ai fait gouverneur du château de Figuère[2] ;
Mais qui dois-je à présent faire ton gouverneur ?

DON RUY GOMEZ

Pardonnez…

---

1. ***Féal*** : fidèle, loyal.
2. ***Figuère*** : Figueras est une ville située dans le nord de la Catalogne, non loin de la frontière française.

DON CARLOS

Il suffit. N'en parlons plus, seigneur.
Donc l'empereur est mort.

DON RUY GOMEZ

L'aïeul de votre altesse[1]
Est mort ?

DON CARLOS

Duc, tu m'en vois pénétré de tristesse.

DON RUY GOMEZ

Qui lui succède ?

DON CARLOS

Un duc de Saxe[2] est sur les rangs.
François Premier, de France, est un des concurrents.

DON RUY GOMEZ

Où vont se rassembler les électeurs d'empire ?

DON CARLOS

Ils ont choisi, je crois, Aix-la-Chapelle[3], – ou Spire,
– Ou Francfort[4].

---

1. ***L'aïeul de votre altesse*** : Maximilien était effectivement le grand-père de don Carlos. Son fils, Philippe le Beau, avait épousé la princesse héritière, l'infante d'Espagne Jeanne la Folle.

2. ***Un duc de Saxe*** : ce titre fait ici référence à Frédéric III de Saxe, dit Frédéric le Sage, qui présenta sa candidature pour s'emparer du Saint Empire romain germanique. Il se rétracta au dernier moment en faveur de don Carlos (voir IV, 4, v. 1679-1680).

3. ***Aix-la-Chapelle*** : voir note 2, p. 20.

4. En définitive, l'élection eut lieu à Francfort. Néanmoins, à l'acte IV, Hugo la situera à Aix-la-Chapelle.

DON RUY GOMEZ

Notre roi, dont Dieu garde les jours,
N'a-t-il pensé jamais à l'empire ?

DON CARLOS

Toujours.

DON RUY GOMEZ

C'est à vous qu'il revient[1].

DON CARLOS

Je le sais.

DON RUY GOMEZ

Votre père
Fut archiduc d'Autriche, et l'empire, j'espère,
Aura ceci présent, que c'était votre aïeul
Celui qui vient de choir de la pourpre[2] au linceul[3].

DON CARLOS

Et puis on est bourgeois de Gand[4].

DON RUY GOMEZ

Dans mon jeune âge

---

1. Étant à la tête de la maison d'Autriche, don Carlos est en effet légitime pour être élu empereur.
2. ***La pourpre*** : substance qui permet de teindre un tissu en rouge ; par métonymie : ce tissu, emblème du pouvoir impérial. Le mort quitte ce vêtement de souverain pour trouver demeure dans un linceul.
3. ***Linceul*** : drap mortuaire.
4. ***On est bourgeois de Gand*** : forme de « nous de majesté », « on est » signifie ici « je suis ». Don Carlos est en effet né à Gand, capitale du comté de Flandre, qu'il hérite de sa grand-mère. Cela lui assure le « droit de bourgeoisie », qui permet à son titulaire de ne dépendre d'aucun autre suzerain que le roi.

Je le vis, votre aïeul. Hélas ! seul je surnage
D'un siècle tout entier. Tout est mort à présent.
C'était un empereur magnifique et puissant.

DON CARLOS

Rome est pour moi [1].

DON RUY GOMEZ

Vaillant, ferme, point tyrannique.
Cette tête allait bien au vieux corps germanique !

Il s'incline sur les mains du roi et les baise.

Que je vous plains ! – Si jeune, en un tel deuil plongé !

DON CARLOS

Le pape veut ravoir la Sicile que j'ai ;
Un empereur ne peut posséder la Sicile.
Il me fait empereur : alors, en fils docile,
Je lui rends Naple. – Ayons l'aigle [2], et puis nous verrons
Si je lui laisserai rogner les ailerons. –

DON RUY GOMEZ

Qu'avec joie il verrait, ce vétéran du trône,
Votre front déjà large aller à sa couronne !
Ah ! seigneur, avec vous nous le pleurerons bien
Cet empereur très grand, très bon et très chrétien !

DON CARLOS

Le Saint-Père [3] est adroit. – Qu'est-ce que la Sicile ?
C'est une île qui pend à mon royaume, une île,

---

1. ***Rome est pour moi*** : le pape est de mon côté.
2. ***L'aigle*** : symbole de l'Empire.
3. ***Le Saint-Père*** : le pape.

Une pièce, un haillon[1], qui, tout déchiqueté,
Tient à peine à l'Espagne et qui traîne à côté.
– Que ferez-vous, mon fils, de cette île bossue,
Au monde impérial au bout d'un fil cousue ?
Votre empire est mal fait : vite, venez ici,
Des ciseaux ! et coupons ! – Très Saint-Père, merci !
Car de ces pièces-là, si j'ai bonne fortune,
Je compte au Saint Empire en recoudre plus d'une,
Et si quelques lambeaux m'en étaient arrachés,
Rapiécer mes états d'îles et de duchés !

DON RUY GOMEZ

Consolez-vous ! Il est un empire des justes
Où l'on revoit les morts plus saints et plus augustes[2] !

DON CARLOS

Ce roi François Premier, c'est un ambitieux !
Le vieil empereur mort, vite ! il fait les doux yeux
À l'empire ! A-t-il pas[3] sa France très chrétienne ?
Ah ! la part est pourtant belle, et vaut qu'on s'y tienne !
L'empereur mon aïeul disait au roi Louis[4] :
– Si j'étais Dieu le père, et si j'avais deux fils,
Je ferais l'aîné Dieu, le second roi de France. –

Au duc.

Crois-tu que François puisse avoir quelque espérance ?

DON RUY GOMEZ

C'est un victorieux.

---

1. ***Haillon*** : vieil habit usé ; morceau de tissu déchiré et sale.
2. ***Augustes*** : nobles.
3. ***A-t-il pas*** : n'a-t-il pas.
4. ***Roi Louis*** : ici, Louis XII, roi de France de 1498 à 1515.

DON CARLOS

Il faudrait tout changer.
La bulle d'or[1] défend d'élire un étranger.

DON RUY GOMEZ

À ce compte, seigneur, vous êtes roi d'Espagne ?

DON CARLOS

Je suis bourgeois de Gand.

DON RUY GOMEZ

La dernière campagne[2]
A fait monter bien haut le roi François Premier.

DON CARLOS

L'aigle qui va peut-être éclore à mon cimier[3]
Peut aussi déployer ses ailes.

DON RUY GOMEZ

Votre altesse
Sait-elle le latin ?

DON CARLOS

Mal.

DON RUY GOMEZ

Tant pis. La noblesse
D'Allemagne aime fort qu'on lui parle latin.

---

1. ***La bulle d'or*** : règlement essentiel promulgué en 1356, qui régit les institutions du Saint Empire romain germanique. L'élection du nouvel empereur en suit les prescriptions.

2. ***La dernière campagne*** : il s'agit ici de celle menée en Italie par François Ier (dont don Ruy Gomez souligne la victoire de Marignan en 1515).

3. ***Cimier*** : ornement fixé sur la partie supérieure d'un casque.

DON CARLOS

Ils se contenteront d'un espagnol hautain,
Car il importe peu, croyez-en le roi Charle[1],
Quand la voix parle haut quelle langue elle parle.
– Je vais en Flandre[2]. Il faut que ton roi, cher Silva,
Te revienne empereur. Le roi de France va
Tout remuer. Je veux le gagner de vitesse.
Je partirai sous peu.

DON RUY GOMEZ

Vous nous quittez, altesse,
Sans purger l'Aragon de ces nouveaux bandits
Qui partout dans nos monts lèvent leurs fronts hardis[3] !

DON CARLOS

J'ordonne au duc d'Arcos[4] d'exterminer la bande.

DON RUY GOMEZ

Donnez-vous aussi l'ordre au chef qui la commande
De se laisser faire ?

DON CARLOS

Hé ! quel est ce chef ? son nom ?

DON RUY GOMEZ

Je l'ignore. On le dit un rude compagnon.

---

1. *Charle* : Charles (licence poétique).

2. *Flandre* : il s'agit ici de la Flandre impériale, située au nord de la France et rattachée au Saint Empire romain germanique.

3. *Hardis* : courageux, insolents.

4. *Arcos* : ville espagnole de la province de Burgos.

DON CARLOS

Bah ! je sais que pour l'heure il se cache en Galice[1],
Et j'en aurai raison avec quelque milice[2].

DON RUY GOMEZ

De faux avis alors le disaient près d'ici.

DON CARLOS

Faux avis ! – Cette nuit tu me loges.

DON RUY GOMEZ, *s'inclinant jusqu'à terre.*

Merci,
Altesse !

Il appelle ses valets.

Faites tous honneur au roi mon hôte !

Les valets rentrent avec des flambeaux. Le duc les range sur deux haies jusqu'à la porte du fond. Cependant, doña Sol s'approche lentement d'Hernani. Le roi les épie tous deux.

DOÑA SOL, *bas à Hernani.*

Demain, sous ma fenêtre, à minuit, et sans faute.
Vous frapperez des mains trois fois.

HERNANI, *bas.*

Demain.

DON CARLOS, *à part.*

Demain !

1. ***Galice*** : province localisée au nord-ouest de l'Espagne, au bord de l'Atlantique, et donc loin de Saragosse.
2. ***Milice*** : ici, expédition militaire.

Haut à doña Sol vers laquelle il fait un pas avec galanterie.

Souffrez que pour rentrer je vous offre la main.

Il la reconduit à la porte. Elle sort.

HERNANI, *la main dans sa poitrine sur la poignée de sa dague.*

Mon bon poignard !

DON CARLOS, *revenant, à part.*

Notre homme a la mine attrapée[1].

Il prend à part Hernani.

Je vous ai fait l'honneur de toucher votre épée,
Monsieur. Vous me seriez suspect pour cent raisons.
Mais le roi don Carlos répugne aux trahisons.
Allez. Je daigne encor protéger votre fuite.

DON RUY GOMEZ, *revenant et montrant Hernani.*

Qu'est ce seigneur ?

DON CARLOS

Il part. C'est quelqu'un de ma suite.

Ils sortent avec les valets et les flambeaux, le duc précédant le roi une cire[2] à la main.

Scène 4

HERNANI, *seul.*

Oui, de ta suite, ô roi ! de ta suite ! – j'en suis.
Nuit et jour, en effet, pas à pas, je te suis !

---

1. *Attrapée* : confuse.
2. *Une cire* : ici, une bougie de cire.

Un poignard à la main, l'œil fixé sur ta trace,
Je vais ! Ma race[1] en moi poursuit en toi ta race !
Et puis, te voilà donc mon rival ! un instant
Entre aimer et haïr je suis resté flottant,
Mon cœur pour elle et toi n'était point assez large,
J'oubliais en l'aimant ta haine qui me charge,
Mais puisque tu le veux, puisque c'est toi qui viens
Me faire souvenir, c'est bon, je me souviens !
Mon amour fait pencher la balance incertaine
Et tombe tout entier du côté de ma haine.
Oui, je suis de ta suite, et c'est toi qui l'as dit !
Va, jamais courtisan de ton lever maudit,
Jamais seigneur baisant ton ombre, ou majordome
Ayant à te servir abjuré[2] son cœur d'homme,
Jamais chiens de palais dressés à suivre un roi
Ne seront sur tes pas plus assidus que moi !
Ce qu'ils veulent de toi, tous ces grands[3] de Castille,
C'est quelque titre[4] creux, quelque hochet qui brille,
C'est quelque mouton d'or qu'on se va pendre au cou[5] ;
Moi, pour vouloir si peu je ne suis pas si fou !
Ce que je veux de toi, ce n'est point faveurs vaines,
C'est l'âme de ton corps, c'est le sang de tes veines.
C'est tout ce qu'un poignard, furieux et vainqueur,
En y fouillant longtemps peut prendre au fond d'un cœur !
Va devant ! je te suis. Ma vengeance qui veille
Avec moi toujours marche et me parle à l'oreille !
Va ! je suis là, j'épie et j'écoute, et sans bruit

1. ***Race*** : famille.
2. ***Abjuré*** : renoncé à, trahi.
3. ***Grands*** : voir note 2, p. 70.
4. ***Titre*** : voir note 1, p. 72.
5. ***Mouton d'or qu'on se va pendre au cou*** : allusion à l'ordre de la Toison d'or (voir note 4, p. 81).

Mon pas cherche ton pas et le presse et le suit !
Le jour tu ne pourras, ô roi, tourner la tête,
Sans me voir immobile et sombre dans ta fête,
La nuit tu ne pourras tourner les yeux, ô roi,
Sans voir mes yeux ardents luire derrière toi !

Il sort par la petite porte.

■ Mise en scène de Margaux Eskenazi au théâtre de Belleville (2012), avec Jean Pavageau (Don Ruy Gomez), Thomas Moreno (Hernani), Sylvie Beurtheret (la duègne) et Laurent Dève (Don Carlos).

II. LE BANDIT
Saragosse[1]

Acte II

Un patio[2] du palais de Silva. – À gauche, les grands murs du palais, avec une fenêtre à balcon. Au-dessous de la fenêtre, une petite porte. À droite et au fond, des maisons et des rues. –
Il est nuit. On voit briller çà et là, aux façades des édifices, quelques fenêtres encore éclairées.

Scène 1

DON CARLOS, DON SANCHO SANCHEZ DE ZUNIGA, *comte de Monterey*, DON MATIAS CENTURION, *marquis d'Almuñan*, DON RICARDO DE ROXAS, *seigneur de Casapalma*.

Ils arrivent tous quatre, don Carlos en tête, chapeaux rabattus, enveloppés de longs manteaux dont leurs épées soulèvent le bord inférieur.

DON CARLOS, *examinant le balcon.*

Voilà bien le balcon, la porte… mon sang bout.

Montrant la fenêtre qui n'est pas éclairée.

---

1. ***Saragosse*** : voir note 1, p. 59.
2. ***Patio*** : cour intérieure dallée, fréquemment entourée d'arcades et servant de promenoir.

Pas de lumière encor !

Il promène ses yeux sur les autres croisées[1] *éclairées.*

Des lumières partout
Où je n'en voudrais pas, hors à cette fenêtre
Où j'en voudrais !

DON SANCHO

Seigneur, reparlons de ce traître.
Et vous l'avez laissé partir !

DON CARLOS

Comme tu dis !

DON MATIAS

Et peut-être c'était le major[2] des bandits !

DON CARLOS

Qu'il en soit le major ou bien le capitaine,
Jamais roi couronné n'eut mine plus hautaine.

DON SANCHO

Son nom, seigneur ?

DON CARLOS, *les yeux fixés sur la fenêtre.*

Muñoz... Fernan...

Avec le geste d'un homme qui se rappelle tout à coup.

Un nom en i !

---

1. ***Croisées*** : fenêtres.
2. ***Major*** : commandant.

DON SANCHO
Hernani, peut-être ?

DON CARLOS
Oui.

DON SANCHO
C'est lui !

DON MATIAS
C'est Hernani !
Le chef !

DON SANCHO, *au roi.*
De ses propos vous reste-t-il mémoire ?

DON CARLOS, *qui ne quitte pas la fenêtre des yeux.*
Hé ! je n'entendais rien dans leur maudite armoire !

DON SANCHO
Mais pourquoi le lâcher lorsque vous le tenez ?

Don Carlos se tourne gravement et le regarde en face.

DON CARLOS
Comte de Monterey, vous me questionnez [1].

Les deux seigneurs reculent et se taisent.

Et d'ailleurs, ce n'est point le souci qui m'arrête.
J'en veux à sa maîtresse et non point à sa tête.
J'en suis amoureux fou ! Les yeux noirs les plus beaux,

1. ***Vous me questionnez*** : ici, vous me demandez des comptes. Un sujet ne peut « questionner » ainsi son roi.

Mes amis ! deux miroirs ! deux rayons ! deux flambeaux !
Je n'ai rien entendu de toute leur histoire
Que ces trois mots : – Demain, venez à la nuit noire ! –
Mais c'est l'essentiel. Est-ce pas [1] excellent ?
Pendant que ce bandit, à mine de galant [2],
S'attarde à quelque meurtre, à creuser quelque tombe,
Je viens tout doucement dénicher sa colombe.

DON RICARDO
Altesse, il eût fallu, pour compléter le tour,
Dénicher la colombe en tuant le vautour.

DON CARLOS, *à don Ricardo.*
Comte ! un digne conseil ! vous avez la main prompte [3] !

DON RICARDO, *s'inclinant profondément.*
Sous quel titre [4] plaît-il au roi que je sois comte ?

DON SANCHO, *vivement.*
C'est méprise !

DON RICARDO, *à don Sancho.*
Le roi m'a nommé comte.

DON CARLOS
Assez !
Bien.

À Ricardo.

J'ai laissé tomber ce titre. Ramassez.

---

1. ***Est-ce pas*** : voir note 1, p. 63.
2. ***Galant*** : ici, homme particulièrement attentionné auprès des femmes.
3. ***Vous avez la main prompte*** : vous êtes rapide à agir.
4. ***Titre*** : voir note 1, p. 72.

DON RICARDO, *s'inclinant de nouveau.*

Merci, seigneur !

DON SANCHO, *à don Matias.*

Beau comte ! un comte de surprise !

Le roi se promène au fond du théâtre, examinant avec impatience les fenêtres éclairées. Les deux seigneurs causent sur le devant de la scène.

DON MATIAS, *à don Sancho.*

Mais que fera le roi, la belle une fois prise ?

DON SANCHO, *regardant Ricardo de travers.*

Il la fera comtesse, et puis dame d'honneur.
Puis qu'il en ait un fils, il sera roi.

DON MATIAS

Seigneur !
Allons donc, un bâtard ! Comte, fût-on altesse,
On ne saurait tirer un roi d'une comtesse !

DON SANCHO

Il la fera marquise ; alors, mon cher marquis…

DON MATIAS

On garde les bâtards pour les pays conquis.
On les fait vice-rois [1]. C'est à cela qu'ils servent.

Don Carlos revient.

---

1. ***Vice-rois*** : dignitaires délégués par la puissance royale pour gouverner à sa place, que ce soit dans un royaume ou dans une province ayant eu rang de royaume.

DON CARLOS, *regardant avec colère toutes les fenêtres éclairées.*
Dirait-on pas[1] des yeux jaloux qui nous observent ?
Enfin ! en voilà deux qui s'éteignent ! allons !
Messieurs, que les instants de l'attente sont longs !
Qui fera marcher l'heure avec plus de vitesse ?

DON SANCHO
C'est ce que nous disons souvent chez votre altesse.

DON CARLOS
Cependant que chez vous mon peuple le redit[2].

La dernière fenêtre éclairée s'éteint.

– La dernière est éteinte ! –

Tourné vers le balcon de doña Sol toujours noir.

Ô vitrage maudit !
Quand t'éclaireras-tu ? – Cette nuit est bien sombre !
Doña Sol, viens briller comme un astre dans l'ombre !

À don Ricardo.

Est-il minuit ?

DON RICARDO
Minuit bientôt

DON CARLOS
Il faut finir
Pourtant ! À tout moment l'autre peut survenir.

---

1. ***Dirait-on pas*** : ne dirait-on pas.
2. ***Cependant que chez vous mon peuple le redit*** : don Sancho s'est plaint de l'attente que le roi impose à ses courtisans dans le palais, et don Carlos insinue qu'ils se comportent de la même manière avec le peuple.

La fenêtre de doña Sol s'éclaire. On voit son ombre se dessiner sur les vitraux lumineux.

Mes amis ! un flambeau ! son ombre à la fenêtre !
Jamais jour ne me fut plus charmant à voir naître.
Hâtons-nous ! faisons-lui le signal qu'elle attend.
Il faut frapper des mains trois fois. – Dans un instant,
Mes amis, vous allez la voir !... – Mais notre nombre
Va l'effrayer peut-être... – Allez tous trois dans l'ombre,
Là-bas, épier l'autre. Amis, partageons-nous
Les deux amants [1]. Tenez, à moi la dame, à vous
Le brigand.

DON RICARDO

Grand merci !

DON CARLOS

S'il vient, de l'embuscade
Sortez vite, et poussez au drôle [2] une estocade [3].
Pendant qu'il reprendra ses esprits sur le grès [4]
J'emporterai la belle, et nous rirons après.
N'allez pas cependant le tuer ! C'est un brave [5]
Après tout, et la mort d'un homme est chose grave.

Les deux seigneurs s'inclinent et sortent. Don Carlos les laisse s'éloigner, puis frappe des mains à deux reprises. À la deuxième fois la fenêtre s'ouvre, et doña Sol paraît en blanc sur le balcon.

---

1. ***Amants*** : voir note 3, p. 60.
2. ***Drôle*** : personnage rusé, fripon (péjoratif).
3. ***Estocade*** : coup donné avec la pointe de l'épée (l'estoc).
4. ***Grès*** : pavé.
5. ***Un brave*** : voir note 3, p. 71.

Scène 2

DON CARLOS, DOÑA SOL

DOÑA SOL, *au balcon.*

Est-ce vous, Hernani ?

DON CARLOS, *à part.*

Diable ! ne parlons pas !

Il frappe de nouveau des mains.

DOÑA SOL

Je descends.

Elle referme la fenêtre, dont la lumière disparaît. Un moment après, la petite porte s'ouvre et doña Sol en sort sa lampe à la main, sa mante [1] *sur les épaules.*

DOÑA SOL, *entrouvrant la porte.*

Hernani !

Don Carlos rabat son chapeau sur son visage et s'avance précipitamment vers elle.

DOÑA SOL, *laissant tomber sa lampe.*

Dieu ! ce n'est point son pas !

Elle veut rentrer. Don Carlos court à elle et la retient par le bras.

DON CARLOS

Doña Sol !

DOÑA SOL

Ce n'est point sa voix ! Ah ! malheureuse !

---

1. ***Mante*** : large manteau féminin, le plus souvent avec un capuchon.

DON CARLOS

Eh ! quelle voix veux-tu, qui soit plus amoureuse ?
C'est toujours un amant, et c'est un amant roi !

DOÑA SOL

Le roi !

DON CARLOS

Souhaite, ordonne, un royaume est à toi !
Car celui dont tu veux briser la douce entrave [1]
C'est le roi ton seigneur ! c'est Carlos ton esclave !

DOÑA SOL, *cherchant à se dégager de ses bras.*

Au secours, Hernani !

DON CARLOS

Le juste et digne effroi !
Ce n'est pas ton bandit qui te tient, c'est le roi !

DOÑA SOL

Non. Le bandit, c'est vous. – N'avez-vous pas de honte ?
Ah ! pour vous à la face une rougeur me monte.
Sont-ce là les exploits dont le roi fera bruit ?
Venir ravir de force une femme la nuit !
Que mon bandit vaut mieux cent fois ! Roi, je proclame
Que, si l'homme naissait où le place son âme,
Si Dieu faisait le rang à la hauteur du cœur,
Certes, il serait le roi, prince, et vous le voleur !

DON CARLOS, *essayant de l'attirer.*

Madame…

---

1. ***Entrave*** : lien qui limite le mouvement.

DOÑA SOL

Oubliez-vous que mon père était comte ?

DON CARLOS

Je vous ferai duchesse.

DOÑA SOL, *le repoussant.*

Allez ! c'est une honte !

Elle recule de quelques pas.

Il ne peut être rien entre nous, don Carlos.
Mon vieux père a pour vous versé son sang à flots.
Moi je suis fille noble, et de ce sang jalouse.
Trop pour la concubine, et trop peu pour l'épouse !

DON CARLOS

Princesse !

DOÑA SOL

Roi Carlos, à des filles de rien
Portez votre amourette, ou je pourrais fort bien,
Si vous m'osez traiter d'une façon infâme,
Vous montrer que je suis dame, et que je suis femme !

DON CARLOS

Eh bien ! partagez donc et mon trône et mon nom.
Venez ! vous serez reine, impératrice !

DOÑA SOL

Non.

C'est un leurre [1]. – Et d'ailleurs, altesse, avec franchise,
S'agit-il pas de vous [2], s'il faut que je le dise,

---

1. ***Un leurre*** : une tromperie, une illusion.
2. ***S'agit-il pas de vous*** : même s'il ne s'agissait pas de vous.

J'aime mieux avec lui, mon Hernani, mon roi,
Vivre errante, en dehors du monde et de la loi,
Ayant faim, ayant soif, fuyant toute l'année,
Partageant jour à jour sa pauvre destinée,
Abandon, guerre, exil, deuil, misère et terreur,
Que d'être impératrice avec un empereur !

DON CARLOS

Que cet homme est heureux !

DOÑA SOL

Quoi ! pauvre, proscrit[1] même !...

DON CARLOS

Qu'il fait bien d'être pauvre et proscrit, puisqu'on l'aime !
– Moi, je suis seul ! – Un ange accompagne ses pas !
– Donc vous me haïssez ?

DOÑA SOL

Je ne vous aime pas[2].

DON CARLOS, *la saisissant avec violence.*

Hé bien ! que vous m'aimiez ou non, cela n'importe !
Vous viendrez, et ma main plus que la vôtre est forte.
Vous viendrez ! je vous veux ! Pardieu, nous verrons bien
Si je suis roi d'Espagne et des Indes[3] pour rien !

---

1. ***Proscrit*** : voir note 1, p. 31.
2. Hommage discret au célèbre « Va, je ne te hais point » que Chimène adresse à Rodrigue (III, 4), dans *Le Cid* de Corneille. La réplique a néanmoins ici un tout autre sens.
3. ***Indes*** : les Indes occidentales, territoires d'Amérique en possession des Espagnols depuis 1492.

DOÑA SOL, *se débattant.*

Seigneur ! oh ! par pitié ! – Quoi ! vous êtes altesse !
Vous êtes roi. Duchesse, ou marquise, ou comtesse,
Vous n'avez qu'à choisir. Les femmes de la cour
Ont toujours un amour tout prêt pour votre amour.
Mais mon proscrit, qu'a-t-il reçu du Ciel avare ?
Ah ! vous avez Castille, Aragon et Navarre [1],
Et Murcie [2], et Léon [3], dix royaumes encor !
Et les Flamands [4], et l'Inde avec les mines d'or !
Vous avez un empire auquel nul roi ne touche,
Si vaste, que jamais le soleil ne s'y couche [5] !
Et quand vous avez tout, voudrez-vous, vous, le roi,
Me prendre, pauvre fille, à lui qui n'a que moi ?

Elle se jette à ses genoux. Il cherche à l'entraîner.

DON CARLOS

Viens ! Je n'écoute rien ! Viens ! Si tu m'accompagnes,
Je te donne, choisis, quatre de mes Espagnes [6] !
Dis, lesquelles veux-tu ? Choisis !

Elle se débat dans ses bras.

---

1. ***Navarre*** : royaume basque situé au nord de l'Espagne, conquis par le roi d'Aragon et régent de Castille, Ferdinand le Catholique, en 1512.
2. ***Murcie*** : royaume vassal de la Couronne de Castille, situé au sud-est de l'Espagne, sur la côte méditerranéenne.
3. ***Léon*** : le royaume de Léon, situé au nord-ouest de l'Espagne, non loin de la Galice, fut rattaché à la Couronne de Castille en 1230.
4. Le roi d'Espagne a hérité la Flandre des ducs de Bourgogne.
5. Hugo emprunte cette image devenue célèbre à la pièce de Schiller, *Don Carlos* (1787). À la scène 6 du premier acte, le roi dit à la reine : « On me nomme l'homme le plus riche du monde chrétien ; le soleil ne se couche point dans mes États » (trad. Barante).
6. ***Quatre de mes Espagnes*** : quatre de mes provinces espagnoles.

DOÑA SOL

Pour mon honneur,
Je ne veux rien de vous que ce poignard, seigneur !

Elle lui arrache le poignard de sa ceinture. Il la lâche et recule.

Avancez maintenant ! faites un pas !

DON CARLOS

La belle !
Je ne m'étonne plus si l'on aime un rebelle !

Il veut faire un pas. Elle lève le poignard.

DOÑA SOL

Pour un pas, je vous tue et me tue !

Il recule encore. Elle se détourne et crie avec force.

Hernani !
Hernani !

DON CARLOS

Taisez-vous !

DOÑA SOL, *le poignard levé.*

Un pas ! tout est fini.

DON CARLOS

Madame ! à cet excès ma douceur est réduite.
J'ai là pour vous forcer trois hommes de ma suite…

HERNANI, *surgissant tout à coup derrière lui.*

Vous en oubliez un !

Le roi se retourne et voit Hernani, immobile derrière lui, dans l'ombre, les bras croisés sous le long manteau qui l'enveloppe, et le large bord de son chapeau relevé. – Doña Sol pousse un cri, court à Hernani et l'entoure de ses bras.

Scène 3

DON CARLOS, DOÑA SOL, HERNANI

HERNANI, *immobile, les bras toujours croisés et ses yeux étincelants fixés sur le roi.*

Oh ! le ciel m'est témoin
Que volontiers je l'eusse été chercher plus loin !

DOÑA SOL

Hernani, sauvez-moi de lui !

HERNANI

Soyez tranquille,
Mon amour !

DON CARLOS

Que font donc mes amis par la ville ?
Avoir laissé passer ce chef de bohémiens !

Appelant.

Monterey !

HERNANI

Vos amis sont au pouvoir des miens.
Et ne réclamez pas leur épée impuissante ;
Pour trois qui vous viendraient, il m'en viendrait soixante,
Soixante dont un seul vous vaut tous quatre. Ainsi
Vidons entre nous deux notre querelle ici.
Quoi ! vous portiez la main sur cette jeune fille !

C'était d'un imprudent, seigneur roi de Castille,
Et d'un lâche !

DON CARLOS, *souriant avec dédain.*

Seigneur bandit, de vous à moi
Pas de reproche !

HERNANI

Il raille[1] ! oh ! je ne suis pas roi !
Mais quand un roi m'insulte et pour surcroît me raille,
Ma colère va haut et me monte à sa taille,
Et, prenez garde, on craint, quand on me fait affront,
Plus qu'un cimier[2] de roi la rougeur de mon front !
Vous êtes insensé si quelque espoir vous leurre[3].

Il lui saisit le bras.

Savez-vous quelle main vous étreint à cette heure ?
Écoutez : Votre père a fait mourir le mien,
Je vous hais. Vous avez pris mon titre[4] et mon bien,
Je vous hais. Nous aimons tous deux la même femme,
Je vous hais, je vous hais, – oui, je te hais dans l'âme !

DON CARLOS

C'est bien.

HERNANI

Ce soir pourtant ma haine était bien loin.
Je n'avais qu'un désir, qu'une ardeur, qu'un besoin,
Doña Sol ! – plein d'amour, j'accourais... Sur mon âme !

---

1. *Raille* : voir note 1, p. 74.
2. *Cimier* : voir note 3, p. 88.
3. *Leurre* : voir note 1, p. 104.
4. *Titre* : voir note 1, p. 72.

Je vous trouve essayant contre elle un rapt infâme !
Quoi ! vous que j'oubliais, sur ma route placé !...
Seigneur, je vous le dis, vous êtes insensé !
Don Carlos, te voilà pris dans ton propre piège !
Ni fuite, ni secours ! je te tiens et t'assiège !
Seul, entouré partout d'ennemis acharnés,
Que vas-tu faire ?

DON CARLOS, *fièrement.*
Allons ! vous me questionnez [1] !

HERNANI
Va, va, je ne veux pas qu'un bras obscur te frappe.
Il ne sied [2] pas qu'ainsi ma vengeance m'échappe !
Tu ne seras touché par un autre que moi,
Défends-toi donc.

Il tire son épée.

DON CARLOS
Je suis votre seigneur le roi.
Frappez, mais pas de duel.

HERNANI
Seigneur, qu'il te souvienne
Qu'hier encor ta dague [3] a rencontré la mienne.

DON CARLOS
Je le pouvais hier. J'ignorais votre nom,
Vous ignoriez mon titre. Aujourd'hui, compagnon,
Vous savez qui je suis et je sais qui vous êtes.

1. ***Vous me questionnez*** : voir note 1, p. 97.
2. ***Sied*** : convient.
3. ***Dague*** : voir note 1, p. 75.

HERNANI

Peut-être.

DON CARLOS

Pas de duel. Assassinez-moi. Faites !

HERNANI

Crois-tu donc que les rois à moi me sont sacrés ?
Çà, te défendras-tu ?

DON CARLOS

Vous m'assassinerez.
Ah ! vous croyez, bandits, que vos brigades[1] viles
Pourront impunément s'épandre dans les villes ?

Hernani recule. Don Carlos fixe des yeux d'aigle sur lui.

Que teints de sang, chargés de meurtres, malheureux !
Vous pourrez après tout faire les généreux !
Et que nous daignerons, nous, victimes trompées,
Anoblir vos poignards du choc de nos épées !
Non, le crime vous tient. Partout vous le traînez.
Nous, des duels avec vous ! arrière ! assassinez.

Hernani, sombre et pensif, tourmente quelques instants de la main la poignée de son épée, puis se retourne brusquement vers le roi, et brise la lame sur le pavé.

HERNANI

Va-t'en donc !

Le roi se tourne à demi vers lui et le regarde avec hauteur.

---

1. ***Brigades*** : bandes organisées, troupes.

Nous aurons des rencontres meilleures.
Va-t'en.

DON CARLOS

C'est bien, monsieur. Je vais dans quelques heures
Rentrer, moi votre roi, dans le palais ducal[1].
Mon premier soin sera de mander le fiscal[2].
A-t-on fait mettre à prix votre tête ?

HERNANI

Oui.

DON CARLOS

Mon maître,
Je vous tiens[3] de ce jour sujet rebelle et traître.
Je vous en avertis, partout, je vous poursuis.
Je vous fais mettre au ban[4] du royaume.

HERNANI

J'y suis
Déjà.

DON CARLOS

Bien.

HERNANI

Mais la France est auprès de l'Espagne.
C'est un port[5].

---

1. ***Palais ducal*** : Hugo emploi ici le sens étymologique de « ducal » (*dux* : « celui qui gouverne »). L'expression désigne donc le palais du chef.
2. ***Fiscal*** : officier chargé des poursuites judiciaires.
3. ***Je vous tiens*** : je vous considère.
4. ***Mettre au ban*** : bannir, proscrire.
5. ***Port*** : ici, refuge.

DON CARLOS

Je vais être empereur d'Allemagne.
Je vous fais mettre au ban de l'empire.

HERNANI

À ton gré,
J'ai le reste du monde où je te braverai.
Il est plus d'un asile où ta puissance tombe.

DON CARLOS

Et quand j'aurai le monde ?

HERNANI

Alors, j'aurai la tombe.

DON CARLOS

Je saurai déjouer vos complots insolents.

HERNANI

La vengeance est boiteuse, elle vient à pas lents,
Mais elle vient.

DON CARLOS, *riant à demi, avec dédain.*

Toucher à la dame qu'adore
Ce bandit !

HERNANI, *dont les yeux se rallument.*

Songes-tu que je te tiens encore !
Ne me rappelle pas, futur césar romain [1],
Que je t'ai là, chétif et petit dans ma main,
Et que, si je serrais cette main trop loyale,

---

1. ***Futur césar romain*** : futur empereur.

J'écraserais dans l'œuf ton aigle impériale[1] !

DON CARLOS

Faites !

HERNANI

Va-t'en ! va-t'en !

Il ôte son manteau et le jette sur les épaules du roi.

Fuis, et prends ce manteau.
Car dans nos rangs pour toi je crains quelque couteau.

Le roi s'enveloppe du manteau.

Pars tranquille à présent ! Ma vengeance altérée[2]
Pour tout autre que moi fait ta tête sacrée.

DON CARLOS

Monsieur, vous qui venez de me parler ainsi,
Ne demandez un jour ni grâce ni merci !

Il sort.

Scène 4

HERNANI, DOÑA SOL

DOÑA SOL, *saisissant la main d'Hernani.*

Maintenant ! fuyons vite !

HERNANI, *la repoussant avec une douceur grave.*

Il vous sied[3], mon amie,

---

1. ***Aigle impériale*** : en tant qu'emblème de l'Empire, « aigle » est un nom féminin. L'image que proposent ces vers ne laissa pas le public indifférent : il la siffla abondamment.
2. ***Ma vengeance altérée*** : ma soif de vengeance.
3. ***Sied*** : voir note 2, p. 110.

D'être dans mon malheur toujours plus raffermie,
De n'y point renoncer, et de vouloir toujours
Jusqu'au fond, jusqu'au bout accompagner mes jours.
C'est un noble dessein, digne d'un cœur fidèle !
Mais tu le vois, mon Dieu, pour tant accepter d'elle,
Pour emporter joyeux dans mon antre [1] avec moi
Ce trésor de beauté qui rend jaloux un roi,
Pour que ma doña Sol me suive et m'appartienne,
Pour lui prendre sa vie et la joindre à la mienne,
Pour l'entraîner sans honte encore et sans regrets,
Il n'est plus temps ! je vois l'échafaud [2] de trop près.

DOÑA SOL

Que dites-vous ?

HERNANI

Ce roi que je bravais en face
Va me punir d'avoir osé lui faire grâce.
Il fuit ! Déjà peut-être il est dans son palais.
Il appelle ses gens, ses gardes, ses valets,
Ses seigneurs, ses bourreaux…

DOÑA SOL

Hernani ! Dieu ! je tremble !
Eh bien, hâtons-nous donc alors ! Fuyons ensemble !

HERNANI

Ensemble ! Non, non. L'heure en est passée ! Hélas,
Doña Sol, à mes yeux quand tu te révélas,
Bonne, et daignant m'aimer d'un amour secourable,
J'ai bien pu vous offrir, moi, pauvre misérable,

1. ***Antre*** : repaire.
2. ***Échafaud*** : voir note 1, p. 69.

Ma montagne, mon bois, mon torrent, – ta pitié
M'enhardissait[1], – mon pain de proscrit[2], la moitié
Du lit vert et touffu que la forêt me donne.
Mais t'offrir la moitié de l'échafaud ! pardonne,
Doña Sol, l'échafaud, c'est à moi seul !

DOÑA SOL

Pourtant
Vous me l'aviez promis !

HERNANI, *tombant à ses genoux.*

Ange ! ah ! dans cet instant
Où la mort vient peut-être, où s'approche dans l'ombre
Un sombre dénoûment pour un destin bien sombre,
Je le déclare ici, proscrit, traînant au flanc[3]
Un souci profond, né dans un berceau sanglant,
Si noir que soit le deuil qui s'épand sur ma vie,
Je suis un homme heureux, et je veux qu'on m'envie,
Car vous m'avez aimé ! car vous me l'avez dit !
Car vous avez tout bas béni mon front maudit !

DOÑA SOL, *penchée sur sa tête.*

Hernani !

HERNANI

Loué soit le sort doux et propice
Qui me mit cette fleur au bord du précipice !

Il se relève.

Et ce n'est pas pour vous que je parle en ce lieu,
Je parle pour le ciel qui m'écoute et pour Dieu !

---

1. ***M'enhardissait*** : me donnait du courage.
2. ***Proscrit*** : voir note 1, p. 31.
3. ***Au flanc*** : dans mon cœur.

DOÑA SOL

Souffre que je te suive[1] !

HERNANI

Oh ! ce serait un crime
Que d'arracher la fleur en tombant dans l'abîme !
Va, j'en ai respiré le parfum ! c'est assez !
Renoue à d'autres jours tes jours par moi froissés.
Épouse ce vieillard ! C'est moi qui te délie.
Je rentre dans ma nuit. Toi, sois heureuse, oublie !

DOÑA SOL

Non, je te suis ! Je veux ma part de ton linceul[2] !
Je m'attache à tes pas !

HERNANI, *la serrant dans ses bras.*

Oh ! laisse-moi fuir seul !
Je suis banni, je suis proscrit, je suis funeste[3] !

Il la quitte avec un mouvement convulsif[4] et veut fuir.

DOÑA SOL, *douloureusement et joignant les mains.*

Hernani ! tu me fuis !

HERNANI, *revenant sur ses pas.*

Hé bien, non ! non, je reste.
Tu le veux, me voici. Viens, oh ! viens dans mes bras !
Je reste et resterai tant que tu le voudras.
Oublions-les ! restons ! –

Il s'assied sur un banc de pierre.

---

1. ***Souffre que je te suive*** : permets que je te suive.
2. ***Linceul*** : voir note 3, p. 85.
3. ***Funeste*** : voir note 1, p. 33.
4. ***Mouvement convulsif*** : mouvement involontaire, brusque.

Sieds-toi[1] sur cette pierre !

Il se place à ses pieds.

Des flammes de tes yeux inonde ma paupière.
Chante-moi quelque chant comme parfois le soir
Tu m'en chantais, avec des pleurs dans ton œil noir !
Soyons heureux ! buvons, car la coupe est remplie,
Car cette heure est à nous, et le reste est folie !
Parle-moi, ravis-moi ! N'est-ce pas qu'il est doux
D'aimer et de savoir qu'on vous aime à genoux ?
D'être deux ? d'être seuls ? Et que c'est douce chose
De se parler d'amour la nuit, quand tout repose ?
Oh ! laisse-moi dormir et rêver sur ton sein,
Doña Sol ! mon amour ! ma beauté !...

Bruit de cloches au loin.

DOÑA SOL, *se levant effarée.*

Le tocsin[2] !
Entends-tu le tocsin ?

HERNANI, *toujours à ses genoux.*

Eh non ! c'est notre noce
Qu'on sonne.

Le bruit des cloches augmente. Cris confus, flambeaux et lumières à toutes les fenêtres, sur tous les toits, dans toutes les rues.

DOÑA SOL

Lève-toi ! fuis ! Grand Dieu ! Saragosse[3]
S'allume !

---

1. ***Sieds-toi*** : assieds-toi.
2. ***Tocsin*** : sonnerie de cloche répétée, pour donner l'alarme.
3. ***Saragosse*** : voir note 1, p. 59.

HERNANI, *se soulevant à demi.*

Nous aurons une noce aux flambeaux !

DOÑA SOL

C'est la noce des morts ! la noce des tombeaux !

Bruit d'épées. Cris.

HERNANI, *se recouchant sur le banc de pierre.*

Rendormons-nous !

UN MONTAGNARD, *l'épée à la main, accourant.*

Seigneur ! les sbires, les alcades [1]
Débouchent dans la place en longues cavalcades [2] !
Alerte, monseigneur !

Hernani se lève.

DOÑA SOL, *pâle.*

Ah ! tu l'avais bien dit !

LE MONTAGNARD

Au secours !...

HERNANI, *au montagnard.*

Me voici. C'est bien.

Cris confus, au-dehors.

Mort au bandit !

HERNANI, *au montagnard.*

Ton épée...

À doña Sol.

---

1. ***Sbires*** : agents de police. ***Alcades*** : officiers de justice.
2. ***Cavalcades*** : chevauchées animées, courses bruyantes.

Adieu donc !

DOÑA SOL

C'est moi qui fais ta perte !

Où vas-tu ?

Lui montrant la petite porte.

Viens, fuyons par cette porte ouverte !

HERNANI

Dieu ! laisser mes amis ! que dis-tu ?

Tumulte et cris.

DOÑA SOL

Ces clameurs

Me brisent.

Retenant Hernani.

Souviens-toi que, si tu meurs, je meurs.

HERNANI, *la tenant embrassée.*

Un baiser !

DOÑA SOL

Mon époux ! mon Hernani ! mon maître !...

HERNANI, *la baisant sur le front.*

Hélas ! c'est le premier !

DOÑA SOL

C'est le dernier peut-être.

Il part. Elle tombe sur le banc.

III. LE VIEILLARD
Le château de Silva dans les montagnes d'Aragon

Acte III

La galerie des portraits de la famille de Silva ; grande salle, dont ces portraits, entourés de riches broderies et surmontés de couronnes ducales et d'écussons[1] *dorés, font la décoration. Au fond, une haute porte gothique. Entre chaque portrait, une panoplie*[2] *complète, toutes de siècles différents.*

Scène 1

DOÑA SOL, *blanche et debout près d'une table ;*
DON RUY GOMEZ DE SILVA, *assis dans son grand fauteuil ducal en bois de chêne.*

DON RUY GOMEZ

Enfin ! c'est aujourd'hui ! dans une heure on sera
Ma duchesse ! plus d'oncle ! et l'on m'embrassera !
Mais m'as-tu pardonné ? J'avais tort. Je l'avoue.

---

1. ***Couronnes ducales et écussons*** : plaques arborant les armes des familles nobles.
2. ***Panoplie*** : ensemble d'armes de collection assemblées le long d'un mur pour former une décoration.

J'ai fait rougir ton front, j'ai fait pâlir ta joue,
J'ai soupçonné trop vite, et je n'aurais point dû
Te condamner ainsi sans avoir entendu.
Que l'apparence a tort ! injustes que nous sommes !
Certe[1], ils étaient bien là, les deux beaux jeunes hommes !
C'est égal ; je devais n'en pas croire mes yeux.
Mais que veux-tu, ma pauvre enfant ! quand on est vieux !

DOÑA SOL, *immobile et grave.*

Vous reparlez toujours de cela. Qui vous blâme ?

DON RUY GOMEZ

Moi, j'eus tort. Je devais savoir qu'avec ton âme
On n'a point de galants[2] lorsqu'on est doña Sol,
Et qu'on a dans le cœur de bon sang espagnol !

DOÑA SOL

Certe ! il est bon et pur, monseigneur, et peut-être
On le verra bientôt.

DON RUY GOMEZ, *se levant et allant à elle.*

Écoute : on n'est pas maître
De soi-même, amoureux comme je suis de toi,
Et vieux. On est jaloux, on est méchant ; pourquoi ?
Parce que l'on est vieux ; parce que beauté, grâce,
Jeunesse dans autrui, tout fait peur, tout menace ;
Parce qu'on est jaloux des autres et honteux
De soi. Dérision ! Que cet amour boiteux,
Qui nous remet au cœur tant d'ivresse et de flamme,
Ait oublié le corps en rajeunissant l'âme !

---

1. ***Certe*** : certes (licence poétique pour éviter de prononcer le « e » final).
2. ***Galants*** : ici, prétendants, amants.

– Quand passe un jeune pâtre[1], – Oui, c'en est là ! – souvent,
Tandis que nous allons, lui chantant, moi rêvant,
Lui dans son pré vert, moi dans mes noires allées,
Souvent je dis tout bas : – Ô mes tours crénelées[2],
Mon vieux donjon ducal, que je vous donnerais,
Oh ! que je donnerais mes blés et mes forêts,
Et les vastes troupeaux qui tondent[3] mes collines,
Mon vieux nom, mon vieux titre[4], et toutes mes ruines,
Et tous mes vieux aïeux, qui bientôt m'attendront,
Pour sa chaumière[5] neuve et pour son jeune front –
Car ses cheveux sont noirs, car son œil reluit comme
Le tien. Tu peux le voir et dire : Ce jeune homme !
Et puis penser à moi qui suis vieux. Je le sais !
Pourtant j'ai nom Silva ; mais ce n'est plus assez !
Oui, je me dis cela. Vois à quel point je t'aime.
Le tout[6], pour être jeune et beau comme toi-même !
Mais à quoi vais-je ici rêver ? Moi, jeune et beau !
Qui te dois de si loin devancer au tombeau !

DOÑA SOL

Qui sait ?

DON RUY GOMEZ

Mais va, crois-moi, ces cavaliers frivoles[7]
N'ont pas d'amour si grand qu'il ne s'use en paroles.
Qu'une fille aime et croie un de ces jouvenceaux[8],

---

1. ***Pâtre*** : voir note 1, p. 73.
2. ***Tours crénelées*** : tours ornées de créneaux (petites dents sur les murailles).
3. ***Tondent*** : broutent.
4. ***Titre*** : voir note 1, p. 72.
5. ***Chaumière*** : maison simple et modeste.
6. ***Le tout*** : il faut comprendre ici : « Je donnerais tout. »
7. ***Frivoles*** : qui n'ont rien de sérieux.
8. ***Jouvenceaux*** : jeunes hommes (vieilli).

Elle en meurt, il en rit. Tous ces jeunes oiseaux,
À l'aile vive et peinte, au langoureux ramage[1],
Ont un amour qui mue ainsi que leur plumage.
Les vieux, dont l'âge éteint la voix et les couleurs,
Ont l'aile plus fidèle, et, moins beaux, sont meilleurs.
Nous aimons bien. – Nos pas sont lourds ? nos yeux arides ?
Nos fronts ridés ? Au cœur on n'a jamais de rides.
Hélas ! quand un vieillard aime, il faut l'épargner.
Le cœur est toujours jeune et peut toujours saigner.
Oh ! mon amour n'est point comme un jouet de verre
Qui brille et tremble ; oh non ! c'est un amour sévère,
Profond, solide, sûr, paternel, amical,
De bois de chêne, ainsi que mon fauteuil ducal !
Voilà comme je t'aime, et puis je t'aime encore
De cent autres façons : comme on aime l'aurore,
Comme on aime les fleurs, comme on aime les cieux !
De te voir tous les jours, toi, ton pas gracieux,
Ton front pur, le beau feu de ta fière prunelle,
Je ris, et j'ai dans l'âme une fête éternelle !

DOÑA SOL

Hélas !

DON RUY GOMEZ

Et puis, vois-tu ? le monde trouve beau,
Lorsqu'un homme s'éteint, et lambeau par lambeau
S'en va, lorsqu'il trébuche au marbre de la tombe,
Qu'une femme, ange pur, innocente colombe,
Veille sur lui, l'abrite et daigne encor souffrir

---

1. ***Ramage*** : chant des oiseaux. Il s'agit ici d'une métaphore traditionnelle pour désigner les beaux discours amoureux des jeunes gens. La rime avec « plumage » est un hommage à La Fontaine (« Le Corbeau et le Renard », *Fables*, I, II).

L'inutile vieillard qui n'est bon qu'à mourir !
C'est une œuvre sacrée et qu'à bon droit on loue
Que ce suprême effort d'un cœur qui se dévoue,
Qui console un mourant jusqu'à la fin du jour,
Et, sans aimer peut-être, a des semblants d'amour !
Oh ! tu seras pour moi cet ange au cœur de femme
Qui du pauvre vieillard réjouit encor l'âme,
Et de ses derniers ans lui porte la moitié,
Fille par le respect et sœur par la pitié !

DOÑA SOL

Loin de me précéder, vous pourrez bien me suivre,
Monseigneur. Ce n'est pas une raison pour vivre
Que d'être jeune. Hélas ! je vous le dis, souvent
Les vieillards sont tardifs [1], les jeunes vont devant !
Et leurs yeux brusquement referment leur paupière,
Comme un sépulcre [2] ouvert dont retombe la pierre !

DON RUY GOMEZ

Oh ! les sombres discours ! mais je vous gronderai,
Enfant ! un pareil jour est joyeux et sacré.
Comment, à ce propos, quand l'heure nous appelle,
N'êtes-vous pas encor prête pour la chapelle ?
Mais vite ! habillez-vous. Je compte les instants.
La parure de noce [3] !

DOÑA SOL

Il sera toujours temps.

DON RUY GOMEZ

Non pas.

---

1. ***Tardifs*** : lents.
2. ***Sépulcre*** : tombeau.
3. ***La parure de noce*** : le vêtement de mariage.

Entre un page[1].

Que veut Iaquez ?

LE PAGE

Monseigneur, à la porte,
Un homme, un pèlerin, un mendiant, n'importe,
Est là qui vous demande asile.

DON RUY GOMEZ

Quel qu'il soit,
Le bonheur entre avec l'étranger qu'on reçoit,
Qu'il vienne. – Du dehors a-t-on quelques nouvelles ?
Que dit-on de ce chef de bandits infidèles
Qui remplit nos forêts de sa rébellion ?

LE PAGE

C'en est fait d'Hernani ; c'en est fait du lion
De la montagne.

DOÑA SOL, *à part.*

Dieu !

DON RUY GOMEZ, *au page.*

Quoi ?

LE PAGE

La troupe est détruite.
Le roi, dit-on, s'est mis lui-même à leur poursuite.
La tête d'Hernani vaut mille écus du roi[2]
Pour l'instant ; mais on dit qu'il est mort.

---

1. ***Page*** : voir note 3, p. 58.
2. ***Écus du roi*** : écus d'or.

DOÑA SOL, *à part.*

Quoi ! sans moi,
Hernani !

DON RUY GOMEZ

Grâce au ciel ! il est mort, le rebelle !
On peut se réjouir maintenant, chère belle.
Allez donc vous parer [1], mon amour, mon orgueil.
Aujourd'hui, double fête !

DOÑA SOL, *à part.*

Oh ! des habits de deuil !

Elle sort.

DON RUY GOMEZ, *au page.*

Fais-lui vite porter l'écrin [2] que je lui donne.

Il se rassied dans son fauteuil.

Je veux la voir parée ainsi qu'une madone [3],
Et, grâce à ses doux yeux et grâce à mon écrin,
Belle à faire à genoux tomber un pèlerin.
À propos, et celui qui nous demande un gîte [4] !
Dis-lui d'entrer, fais-lui nos excuses, cours vite.

Le page salue et sort.

Laisser son hôte attendre ! ah ! c'est mal !

La porte du fond s'ouvre. Paraît Hernani déguisé en pèlerin. Le duc se lève.

---

1. ***Vous parer*** : vous habiller avec élégance.
2. ***Écrin*** : coffret où l'on met des bagues et des objets précieux.
3. ***Madone*** : représentation de la Vierge. La comparaison fit rire le public.
4. ***Gîte*** : lieu où un voyageur peut dormir.

Scène 2

DON RUY GOMEZ, HERNANI *déguisé en pèlerin.*

Hernani s'arrête sur le seuil de la porte.

HERNANI

Monseigneur,
Paix et bonheur à vous !

DON RUY GOMEZ, *le saluant de la main.*

À toi paix et bonheur,
Mon hôte !

Hernani entre. Le duc se rassied.

– N'es-tu pas pèlerin ?

HERNANI, *s'inclinant.*

Oui.

DON RUY GOMEZ

Sans doute
Tu viens d'Armillas[1] ?

HERNANI

Non. J'ai pris une autre route.
On se battait par là.

DON RUY GOMEZ

La troupe du banni,
N'est-ce pas ?

HERNANI

Je ne sais.

---

1. ***Armillas*** : village proche de Saragosse (voir note 1, p. 59).

La figure du bandit au théâtre et au cinéma

Personnage équivoque, suscitant à la fois fascination et répulsion, le bandit incarne la complexité du héros romantique ; Hernani en est un exemple éloquent. Par sa condition, le hors-la-loi entraîne de nombreux retournements de situation et des péripéties trépidantes qui rythment l'intrigue. L'acteur peut user des accessoires et des décors pour dissimuler l'identité de son personnage, exploitant toutes les ressources de la mise en scène. En cela, son rôle est éminemment dramatique.
Comment la figure du bandit a-t-elle été représentée au théâtre et au cinéma depuis *Hernani* ?

▶ **Félicien Juttner, dans une mise en scène de Nicolas Lormeau au théâtre du Vieux-Colombier (2013).**
Félicien Juttner (Hernani) montre toute la fougue qui anime le proscrit.

◀ **Photogramme extrait du film *Les Aventures de Robin des Bois*, de Michael Curtiz et William Keighley (1938).**
Comme Hernani, le bandit Robin des Bois présente des qualités héroïques : il vole aux riches pour donner aux pauvres. Cela explique la fortune de cet être légendaire apparu dans des récits du Moyen Âge. Son histoire a depuis été adaptée aussi bien en littérature, notamment dans un roman de Dumas, qu'au cinéma.

▶ **Photogramme extrait du film *Scarface*, de Brian De Palma (1983).** Dans le film, Al Pacino incarne un redoutable gangster (Tony Montana), prêt à tout pour se hisser au sommet de la société américaine après avoir été chassé de Cuba par Fidel Castro. Arborant une cicatrice distinctive, Tony Montana est un personnage qui subjugue par son charisme associé à une extrême violence.

▼ **Photogramme extrait de la série *La Casa de Papel*, d'Álex Pina (2017).**
Un homme mystérieux, surnommé El Professor (« Le Professeur »), rassemble une équipe de bandits n'ayant plus rien à perdre pour un braquage destiné à frapper la Maison de la monnaie et du timbre, à Madrid. En affirmant à ces derniers, dissimulés derrière des masques de Salvador Dalí, qu'ils agissent pour le renversement du système économique et financier en place et non pour leur intérêt personnel, El Professor entend faire de ces hors-la-loi des « Robin des Bois » modernes. Ici, la bande organisée s'oppose à la solitude du héros romantique.

Décors et costumes dans le drame romantique : une esthétique du spectaculaire

La « révolution » romantique est aussi une révolution des costumes et des décors. Le nouvel intérêt du XIXe siècle pour l'Histoire (voir Présentation, p. 24 et suivantes) explique l'attention portée à l'authenticité de la représentation. Les décors et les costumes sont ainsi conçus comme des vecteurs de la « couleur locale » : ils restituent l'atmosphère de l'époque de l'intrigue grâce à de nombreux détails pittoresques. Impressionnants par leur complexité (on pense à la cachette aménagée dans le décor d'*Hernani*) et par la richesse de leur ouvrage, ils immergent le spectateur dans la pièce en éveillant son imaginaire et sa sensibilité.

▶ **Dessin de costume pour la pièce *L'Homme à trois visages ou le Proscrit*, de René Charles Guilbert de Pixérécourt (1801).** Ce costume de mélodrame, doté de couleurs chatoyantes et symboliques, est emblématique du goût du spectaculaire en vigueur à l'époque. Les auteurs romantiques se sont directement inspirés du genre mélodramatique.

▼ **Mise en scène de *Lorenzaccio* d'Alfred de Musset par Franco Zeffirelli à la Comédie-Française (1976).** Dans cette mise en scène, le choix des costumes et des décors évoque l'époque de la Renaissance et témoigne d'un souci de fidélité historique. Le metteur en scène respecte en cela les intentions de cet auteur romantique.

▲ Philippe-Marie Chaperon, *Décor pour l'acte IV de Marie Tudor de Victor Hugo au théâtre de la Porte Saint-Martin* (1873), Paris, musée Carnavalet.
On voit sur ce croquis que la recherche du grandiose se mêle à une atmosphère gothique, créant un décor saisissant.

▲ Mise en scène de *Ruy Blas* de Victor Hugo, par Christian Schiaretti au Théâtre national populaire (2011).
Dans cette mise en scène, les jeux de lumière et les costumes reflètent les états d'âme des personnages. L'opposition entre l'ombre et la lumière montre l'intériorité tourmentée des protagonistes.

DON RUY GOMEZ

Le chef, le Hernani,
Que devient-il ? sais-tu ?

HERNANI

Seigneur, quel est cet homme ?

DON RUY GOMEZ

Tu ne le connais pas ? tant pis ! la grosse somme
Ne sera point pour toi. Vois-tu ? ce Hernani,
C'est un rebelle au roi, trop longtemps impuni.
Si tu vas à Madrid, tu le pourras voir pendre.

HERNANI

Je n'y vais pas.

DON RUY GOMEZ

Sa tête est à qui veut la prendre.

HERNANI, *à part.*

Qu'on y vienne [1] !

DON RUY GOMEZ

Où vas-tu, bon pèlerin ?

HERNANI

Seigneur,
Je vais à Saragosse [2].

DON RUY GOMEZ

Un vœu fait en l'honneur
D'un saint ? de Notre-Dame ?...

---

1. ***Qu'on y vienne*** : qu'ils y viennent.
2. ***Saragosse*** : voir note 1, p. 59.

HERNANI

Oui, duc, de Notre-Dame.

DON RUY GOMEZ

Del Pilar[1] ?

HERNANI

Del Pilar.

DON RUY GOMEZ

Il faut n'avoir point d'âme
Pour ne point acquitter les vœux[2] qu'on fait aux saints.
Mais, le tien accompli, n'as-tu d'autres desseins ?
Voir le pilier, c'est là tout ce que tu désires ?

HERNANI

Oui, je veux voir brûler les flambeaux et les cires[3],
Voir Notre-Dame, au fond du sombre corridor,
Luire en sa châsse[4] ardente avec sa chape[5] d'or,
Et puis m'en retourner.

DON RUY GOMEZ

Fort bien. – Ton nom, mon frère ?
Je suis Ruy de Silva.

HERNANI, *hésitant.*

Mon nom ?...

---

1. ***Del Pilar*** : dans la cathédrale de Saragosse, la Vierge placée contre un pilier (en espagnol : *pilar*) faisait l'objet d'un culte.
2. ***Acquitter les vœux*** : accomplir les promesses.
3. ***Cires*** : voir note 2, p. 91.
4. ***Châsse*** : cadre doré illuminé par des cierges, où est disposée la statue.
5. ***Chape*** : vêtement rituel dont on habille la statue.

DON RUY GOMEZ

Tu peux le taire
Si tu veux. Nul n'a droit de le savoir ici.
Viens-tu pas [1] demander asile ?

HERNANI

Oui, duc.

DON RUY GOMEZ

Merci.
Sois le bienvenu ! – Reste, ami, ne te fais faute
De rien [2]. Quant à ton nom, tu te nommes mon hôte.
Qui que tu sois, c'est bien ; et, sans être inquiet,
J'accueillerais Satan, si Dieu me l'envoyait.

La porte du fond s'ouvre à deux battants. Entre doña Sol, en parure de mariée [3]. Derrière elle, pages [4], valets, et deux femmes portant sur un coussin de velours un coffret d'argent ciselé, qu'elles vont déposer sur une table, et qui renferme un riche écrin [5], couronne de duchesse, bracelets, colliers, perles et brillants [6] pêle-mêle. – Hernani, haletant [7] et effaré, considère doña Sol avec des yeux ardents sans écouter le duc.

---

1. ***Viens-tu pas*** : ne viens-tu pas.
2. ***Ne te fais faute de rien*** : ne te prive de rien.
3. ***Parure de mariée*** : voir note 3, p. 125.
4. ***Pages*** : voir note 3, p. 58.
5. ***Écrin*** : voir note 2, p. 127.
6. ***Brillants*** : diamants taillés.
7. ***Haletant*** : respirant de manière précipitée.

Scène 3

LES MÊMES, DOÑA SOL, PAGES [1], VALETS, FEMMES

DON RUY GOMEZ, *continuant.*

– Voici ma Notre-Dame à moi. L'avoir priée
Te portera bonheur !

Il va présenter la main à doña Sol, toujours pâle et grave.

Ma belle mariée,
Venez ! – Quoi ! pas d'anneau ! pas de couronne encor !

HERNANI, *d'une voix tonnante.*

Qui veut gagner ici mille carolus [2] d'or ?

Tous se retournent étonnés. Il déchire sa robe de pèlerin, la foule aux pieds et en sort en costume de montagnard.

Je suis Hernani.

DOÑA SOL, *à part, avec joie.*

Ciel ! vivant !

HERNANI, *aux valets.*

Je suis cet homme
Qu'on cherche !

Au duc.

Vous vouliez savoir si je me nomme

---

1. ***Pages*** : voir note 3, p. 58.
2. ***Carolus*** : monnaie frappée sous Charles VIII, roi de France : il s'agit donc d'une monnaie française et non espagnole. Son nom est néanmoins associé par Hugo à celui du roi Charles Ier d'Espagne.

Perez ou Diego ? – Non, je me nomme Hernani !
C'est un bien plus beau nom, c'est un nom de banni,
C'est un nom de proscrit[1] ! Vous voyez cette tête ?
Elle vaut assez d'or pour payer votre fête !

Aux valets.

Je vous la donne à tous ! vous serez bien payés !
Prenez ! liez mes mains ! liez mes pieds ! liez !
Mais non, c'est inutile, une chaîne me lie
Que je ne romprai point !

DOÑA SOL, *à part.*

Malheureuse !

DON RUY GOMEZ

Folie !
Çà, mon hôte est un fou !

HERNANI

Votre hôte est un bandit !

DOÑA SOL

Oh ! ne l'écoutez pas !

HERNANI

J'ai dit ce que j'ai dit.

DON RUY GOMEZ

Mille carolus d'or ! Monsieur, la somme est forte,
Et je ne suis pas sûr de tous mes gens !

1. ***Proscrit*** : voir note 1, p. 31.

HERNANI

Qu'importe !
Tant mieux, si dans le nombre il s'en trouve un qui veut !

Aux valets.

Livrez-moi ! vendez-moi !

DON RUY GOMEZ, *s'efforçant de le faire taire.*

Taisez-vous donc ! on peut
Vous prendre au mot !

HERNANI

Amis ! l'occasion est belle !
Je vous dis que je suis le proscrit, le rebelle,
Hernani !

DON RUY GOMEZ

Taisez-vous !

HERNANI

Hernani !

DOÑA SOL, *d'une voix éteinte, à son oreille.*

Oh ! tais-toi !

HERNANI, *se détournant à demi vers doña Sol.*

On se marie ici ! Je veux en être, moi !
Mon épousée aussi m'attend !

Au duc.

Elle est moins belle
Que la vôtre, seigneur, mais n'est pas moins fidèle.
C'est la mort !

Aux valets.

Nul de vous ne fait un pas encor ?

DOÑA SOL, *bas.*

Par pitié !

HERNANI, *aux valets.*

Hernani ! mille carolus d'or !

DON RUY GOMEZ

C'est le démon !

HERNANI, *à un jeune valet.*

Viens, toi, tu gagneras la somme.
Riche alors, de valet tu redeviendras homme !

Aux valets qui restent immobiles.

Vous aussi, vous tremblez ! ai-je assez de malheur !

DON RUY GOMEZ

Frère, à toucher ta tête ils risqueraient la leur !
Fusses-tu Hernani, fusses-tu cent fois pire,
Pour ta vie au lieu d'or offrît-on un empire,
Mon hôte ! je te dois protéger en ce lieu
Même contre le roi, car je te tiens de Dieu !
S'il tombe un seul cheveu de ton front, que je meure !

À doña Sol.

Ma nièce, vous serez ma femme dans une heure ;
Rentrez chez vous ; je vais faire armer le château,
J'en vais fermer la porte.

Il sort. Les valets le suivent.

HERNANI, *regardant avec désespoir sa ceinture dégarnie et désarmée.*

Oh ! pas même un couteau !

Doña Sol, après que le duc a disparu, fait quelques pas comme pour suivre ses femmes, puis s'arrête, et dès qu'elles sont sorties, revient vers Hernani avec anxiété.

Scène 4

HERNANI, DOÑA SOL

Hernani considère avec un regard froid et comme inattentif l'écrin [1] nuptial placé sur la table ; puis il hoche la tête, et ses yeux s'allument.

HERNANI

Je vous fais compliment ! – Plus que je ne puis dire
La parure [2] me charme, et m'enchante, – et j'admire !

Il s'approche de l'écrin.

La bague est de bon goût, – la couronne me plaît, –
Le collier est d'un beau travail, – le bracelet
Est rare, – mais cent fois, cent fois moins que la femme
Qui sous un front si pur cache ce cœur infâme !

Examinant de nouveau le coffret.

Et qu'avez-vous donné pour tout cela ? – Fort bien !
Un peu de votre amour ? mais vraiment, c'est pour rien !
Grand Dieu ! trahir ainsi ! n'avoir pas honte, et vivre !

Examinant l'écrin.

– Mais peut-être après tout c'est perle fausse, et cuivre
Au lieu d'or, verre et plomb, diamants déloyaux,
Faux saphirs, faux bijoux, faux brillants [3], faux joyaux.

---

1. ***Écrin*** : voir note 2, p. 127.
2. ***Parure*** : ici, ensemble de bijoux destinés à être portés en même temps.
3. ***Brillants*** : voir note 6, p. 131.

Ah ! s'il en est ainsi, comme cette parure,
Ton cœur est faux, duchesse, et tu n'es que dorure[1] !

Il revient au coffret.

– Mais non, non. Tout est vrai, tout est bon, tout est beau.
Il n'oserait tromper, lui qui touche au tombeau !
Rien n'y manque.

Il prend l'une après l'autre toutes les pièces de l'écrin.

Collier, brillants, pendants d'oreille,
Couronne de duchesse, anneau d'or…, – à merveille !
Grand merci de l'amour sûr, fidèle et profond !
Le précieux écrin !

DOÑA SOL

Elle va au coffret, y fouille, et en tire un poignard.

Vous n'allez pas au fond. –
C'est le poignard qu'avec l'aide de ma patronne[2]
Je pris au roi Carlos, lorsqu'il m'offrit un trône,
Et que je refusai pour vous qui m'outragez[3] !

HERNANI, *tombant à ses pieds.*

Oh ! laisse qu'à genoux dans tes yeux affligés
J'efface tous ces pleurs amers et pleins de charmes !
Et tu prendras après tout mon sang pour tes larmes !

DOÑA SOL, *attendrie.*

Hernani ! je vous aime et vous pardonne, et n'ai
Que de l'amour pour vous.

---

1. ***Dorure*** : pellicule d'or qui recouvre un objet.
2. ***Ma patronne*** : ici, la Sainte Vierge. Voir II, 2, v. 539-540.
3. ***M'outragez*** : m'offensez, m'insultez.

HERNANI

Elle m'a pardonné,
Et m'aime ! Qui pourra faire aussi que moi-même,
Après ce que j'ai dit, je me pardonne et m'aime ?
Oh ! je voudrais savoir, ange au ciel réservé,
Où vous avez marché, pour baiser le pavé !

DOÑA SOL

Ami !

HERNANI

Non ! je dois t'être odieux ! mais, écoute,
Dis-moi : je t'aime ! – Hélas ! rassure un cœur qui doute,
Dis-le-moi ! car souvent avec ce peu de mots
La bouche d'une femme a guéri bien des maux !

DOÑA SOL, *absorbée et sans l'entendre.*

Croire que mon amour eût si peu de mémoire !
Que jamais ils pourraient, tous ces hommes sans gloire,
Jusqu'à d'autres amours, plus nobles à leur gré,
Rapetisser un cœur où son nom est entré !

HERNANI

Hélas ! j'ai blasphémé ! si j'étais à ta place,
Doña Sol, j'en aurais assez, je serais lasse
De ce fou furieux, de ce sombre insensé
Qui ne sait caresser qu'après qu'il a blessé.
Je lui dirais : Va-t'en ! – Repousse-moi, repousse !
Et je te bénirai, car tu fus bonne et douce,
Car tu m'as supporté trop longtemps, car je suis
Mauvais, je noircirais tes jours avec mes nuits !
Car c'en est trop enfin, ton âme est belle et haute
Et pure, et si je suis méchant, est-ce ta faute ?
Épouse le vieux duc ! il est bon, noble, il a

Par sa mère Olmedo[1], par son père Alcalá[2].
Encore un coup[3], sois riche avec lui, sois heureuse !
Moi, sais-tu ce que peut cette main généreuse
T'offrir de magnifique ? une dot[4] de douleurs.
Tu pourras y choisir ou du sang ou des pleurs.
L'exil, les fers, la mort, l'effroi qui m'environne,
C'est là ton collier d'or, c'est ta belle couronne,
Et jamais à l'épouse un époux plein d'orgueil
N'offrit plus riche écrin de misère et de deuil !
Épouse le vieillard, te dis-je ! il te mérite !
Eh ! qui jamais croira que ma tête proscrite[5]
Aille avec ton front pur ? qui, nous voyant tous deux,
Toi, calme et belle, moi, violent, hasardeux[6],
Toi, paisible et croissant comme une fleur à l'ombre,
Moi, heurté dans l'orage à des écueils[7] sans nombre,
Qui dira que nos sorts suivent la même loi ?
Non. Dieu qui fait tout bien ne te fit pas pour moi.
Je n'ai nul droit d'en haut sur toi, je me résigne !
J'ai ton cœur, c'est un vol ! je le rends au plus digne.
Jamais à nos amours le ciel n'a consenti.
Si j'ai dit que c'était ton destin, j'ai menti !
D'ailleurs, vengeance, amour, adieu ! mon jour s'achève.
Je m'en vais, inutile, avec mon double rêve,
Honteux de n'avoir pu ni punir, ni charmer,
Qu'on m'ait fait pour haïr, moi qui n'ai su qu'aimer !
Pardonne-moi ! fuis-moi ! ce sont mes deux prières.

---

1. ***Olmedo*** : ville de Nouvelle-Castille.
2. ***Alcalá*** : ville d'Andalousie.
3. ***Encore un coup*** : je te le dis encore une fois.
4. ***Dot*** : voir note 5, p. 70.
5. ***Proscrite*** : voir note 1, p. 31.
6. ***Hasardeux*** : imprudent, qui prend et fait prendre des risques.
7. ***Écueils*** : obstacles, dangers.

Ne les rejette pas, car ce sont les dernières !
Tu vis, et je suis mort. Je ne vois pas pourquoi
Tu te ferais murer [1] dans ma tombe avec moi !

DOÑA SOL

Ingrat !

HERNANI

Monts d'Aragon ! Galice ! Estramadoure [2] ! –
Oh ! je porte malheur à tout ce qui m'entoure ! –
J'ai pris vos meilleurs fils ; pour mes droits, sans remords
Je les ai fait combattre, et voilà qu'ils sont morts !
C'étaient les plus vaillants de la vaillante Espagne !
Ils sont morts ! ils sont tous tombés dans la montagne,
Tous sur le dos couchés, en braves [3], devant Dieu,
Et si leurs yeux s'ouvraient, ils verraient le ciel bleu !
Voilà ce que je fais de tout ce qui m'épouse !
Est-ce une destinée à te rendre jalouse ?
Doña Sol, prends le duc, prends l'enfer, prends le roi !
C'est bien. Tout ce qui n'est pas moi vaut mieux que moi !
Je n'ai plus un ami qui de moi se souvienne,
Tout me quitte, il est temps qu'à la fin ton tour vienne,
Car je dois être seul. Fuis ma contagion.
Ne te fais pas d'aimer une religion !
Oh ! par pitié pour toi, fuis ! – Tu me crois peut-être
Un homme comme sont tous les autres, un être
Intelligent, qui court droit au but qu'il rêva.
Détrompe-toi. Je suis une force qui va !
Agent aveugle et sourd de mystères funèbres !
Une âme de malheur faite avec des ténèbres !

---

1. ***Murer*** : emmurer, enfermer.
2. ***Estramadoure*** : région du sud-ouest de l'Espagne.
3. ***Braves*** : voir note 3, p. 71.

Où vais-je ? je ne sais. Mais je me sens poussé
D'un souffle impétueux[1], d'un destin insensé.
Je descends, je descends, et jamais ne m'arrête.
Si parfois, haletant[2], j'ose tourner la tête,
Une voix me dit : Marche ! et l'abîme est profond,
Et de flamme ou de sang je le vois rouge au fond !
Cependant, à l'entour[3] de ma course farouche,
Tout se brise, tout meurt. Malheur à qui me touche !
Oh ! fuis ! détourne-toi de mon chemin fatal[4].
Hélas ! sans le vouloir, je te ferais du mal !

DOÑA SOL

Grand Dieu !

HERNANI

C'est un démon redoutable, te dis-je,
Que le mien. Mon bonheur, voilà le seul prodige
Qui lui soit impossible. Et toi, c'est le bonheur !
Tu n'es donc pas pour moi, cherche un autre seigneur !
Va, si jamais le ciel à mon sort qu'il renie
Souriait… n'y crois pas ! ce serait ironie.
Épouse le duc !

DOÑA SOL

Donc ce n'était pas assez !
Vous aviez déchiré mon cœur, vous le brisez.
Ah ! vous ne m'aimez plus !

HERNANI

Oh ! mon cœur et mon âme,

---

1. ***Impétueux*** : emporté, violent.
2. ***Haletant*** : voir note 7, p. 131.
3. ***À l'entour*** : autour.
4. ***Fatal*** : voir note 2, p. 75.

C'est toi ! l'ardent foyer d'où me vient toute flamme,
C'est toi ! ne m'en veux pas de fuir, être adoré !

DOÑA SOL

Je ne vous en veux pas. Seulement, j'en mourrai.

HERNANI

Mourir ! pour qui ? pour moi ? se peut-il que tu meures
Pour si peu ?

DOÑA SOL, *laissant éclater ses larmes.*

Voilà tout.

Elle tombe sur un fauteuil.

HERNANI, *s'asseyant près d'elle.*

Oh ! tu pleures ! tu pleures !
Et c'est encor ma faute ! et qui me punira ?
Car tu pardonneras encor ! Qui te dira
Ce que je souffre au moins, lorsqu'une larme noie
La flamme de tes yeux dont l'éclair est ma joie ?
Oh ! mes amis sont morts ! oh ! je suis insensé !
Pardonne. Je voudrais aimer, je ne le sai [1] !
Hélas ! j'aime pourtant d'une amour [2] bien profonde ! –
Ne pleure pas, mourons plutôt ! – Que n'ai-je un monde ?
Je te le donnerais ! Je suis bien malheureux !

DOÑA SOL, *se jetant à son cou.*

Vous êtes mon lion superbe et généreux !
Je vous aime.

HERNANI

Oh ! l'amour serait un bien suprême

---

1. ***Je ne le sai*** : je ne le sais (licence poétique).
2. ***Une amour*** : au XIXe siècle, le terme est aussi féminin.

Si l'on pouvait mourir de trop aimer !

DOÑA SOL

Je t'aime !
Monseigneur ! Je vous aime et je suis toute à vous.

HERNANI, *laissant tomber sa tête sur son épaule.*

Oh ! qu'un coup de poignard de toi me serait doux !

DOÑA SOL, *suppliante.*

Ah ! ne craignez-vous pas que Dieu ne vous punisse
De parler de la sorte ?

HERNANI, *toujours appuyé sur son sein.*

Eh bien ! qu'il nous unisse !
Tu le veux. Qu'il en soit ainsi ! – J'ai résisté.

Tous deux, dans les bras l'un de l'autre, se regardent avec extase, sans voir, sans entendre et comme absorbés dans leur regard. – Entre don Ruy Gomez par la porte du fond. Il regarde, et s'arrête comme pétrifié sur le seuil.

Scène 5

HERNANI, DOÑA SOL, DON RUY GOMEZ

DON RUY GOMEZ, *immobile et croisant les bras sur le seuil de la porte.*

Voilà donc le paîment de l'hospitalité !

DOÑA SOL

Dieu ! le duc !

Tous deux se retournent comme réveillés en sursaut.

DON RUY GOMEZ, *toujours immobile.*

C'est donc là mon salaire, mon hôte ?
– Bon seigneur, va-t'en voir si ta muraille est haute,
Si la porte est bien close et l'archer dans sa tour,
De ton château pour nous fais et refais le tour,
Cherche en ton arsenal [1] une armure à ta taille,
Ressaie [2] à soixante ans ton harnais [3] de bataille,
Voici la loyauté dont nous paîrons ta foi !
Tu fais cela pour nous, et nous ceci pour toi !
Saints du ciel ! – J'ai vécu plus de soixante années,
J'ai rencontré parfois des âmes effrénées [4],
J'ai souvent, en tirant ma dague [5] du fourreau,
Fait lever sur mes pas des gibiers de bourreau ;
J'ai vu des assassins, des monnoyeurs [6], des traîtres ;
De faux valets, à table empoisonnant leurs maîtres ;
J'en ai vu qui mouraient sans croix et sans pater [7] ;
J'ai vu Sforce, j'ai vu Borgia, je vois Luther [8] ;
Mais je n'ai jamais vu perversité si haute
Qui n'eût craint le tonnerre en trahissant son hôte !
Ce n'est pas de mon temps. – Si noire trahison
Pétrifie un vieillard au seuil de sa maison,
Et fait que le vieux maître, en attendant qu'il tombe,

---

1. ***Arsenal*** : magasin d'armes.
2. ***Ressaie*** : essaye à nouveau.
3. ***Harnais*** : armure.
4. ***Effrénées*** : sans retenue, sans mesure.
5. ***Dague*** : voir note 1, p. 75.
6. ***Monnoyeurs*** : faux-monnayeurs (fabricants de fausse monnaie).
7. ***Sans pater*** : sans prière (le « pater » désigne le « Notre Père… »).
8. ***Ludovic Sforza*** (1452-1508) devint duc de Milan en empoisonnant son neveu et en trahissant les Français : il est ainsi devenu l'archétype du traître. Fils du pape Alexandre VI et frère de Lucrèce Borgia, ***César Borgia*** (1476-1507) est célèbre pour ses ruses politiques, son habileté et son extrême cruauté. ***Martin Luther*** : voir note 3, p. 51.

A l'air d'une statue à mettre sur sa tombe !
Maures [1] et Castillans ! quel est cet homme-ci ?

Il lève les yeux et les promène sur tous les portraits qui entourent la salle.

Ô vous ! tous les Silva, qui m'écoutez ici,
Pardon, si devant vous, pardon, si ma colère
Dit l'hospitalité mauvaise conseillère !

HERNANI, *se levant.*

Duc…

DON RUY GOMEZ

Tais-toi ! –

Il fait lentement trois pas dans la salle, et promène ses regards sur tous les portraits des Silva.

Morts sacrés ! aïeux ! hommes de fer !
Qui voyez ce qui vient du ciel et de l'enfer,
Dites-moi, messeigneurs, dites ! quel est cet homme ?
Ce n'est pas Hernani, c'est Judas [2] qu'on le nomme !
Oh ! tâchez de parler pour me dire son nom !

Croisant les bras.

Avez-vous de vos jours vu rien de pareil ? non !

HERNANI

Seigneur duc…

DON RUY GOMEZ, *toujours aux portraits.*

Voyez-vous ? il veut parler, l'infâme !
Mais, mieux encor que moi, vous lisez dans son âme.

---

1. ***Maures*** : voir note 3, p. 56.
2. ***Judas*** : nom de l'apôtre qui livra Jésus, figure par excellence du traître.

Oh ! ne l'écoutez pas ! c'est un fourbe ! il prévoit
Que mon bras va sans doute ensanglanter mon toit,
Que peut-être mon cœur couve dans ses tempêtes
Quelque vengeance, sœur du festin des Sept Têtes[1].
Il vous dira qu'il est proscrit[2], il vous dira
Qu'on va dire Silva comme l'on dit Lara,
Et puis qu'il est mon hôte, et puis qu'il est votre hôte… –
Mes aïeux, messeigneurs, voyez, est-ce ma faute ?
Jugez entre nous deux !

HERNANI

Ruy Gomez de Silva,
Si jamais vers le ciel noble front s'éleva,
Si jamais cœur fut grand, si jamais âme haute,
C'est la vôtre, seigneur ! c'est la tienne, ô mon hôte !
Moi qui te parle ici, je suis coupable, et n'ai
Rien à dire, sinon que je suis bien damné.
Oui, j'ai voulu te prendre et t'enlever ta femme ;
Oui, j'ai voulu souiller[3] ton lit ; oui, c'est infâme !
J'ai du sang : tu feras très bien de le verser,
D'essuyer ton épée et de n'y plus penser !

DOÑA SOL

Seigneur, ce n'est pas lui ! ne frappez que moi-même !

HERNANI

Taisez-vous, doña Sol. Car cette heure est suprême !

---

1. Hugo fait ici référence à une légende espagnole d'inspiration orientale. L'auteur l'évoque par ailleurs dans un poème des *Orientales* (1829) : égorgés par leur oncle, les sept enfants de don Rodrigue de Lara furent servis en festin à leur propre père. L'oncle fut ensuite assassiné par un fils de Lara né postérieurement.

2. ***Proscrit*** : voir note 1, p. 31.

3. ***Souiller*** : voir note 1, p. 82.

Cette heure m'appartient. Je n'ai plus qu'elle. Ainsi
Laissez-moi m'expliquer avec le duc ici.
Duc ! – crois aux derniers mots de ma bouche, j'en jure,
Je suis coupable, mais sois tranquille, – elle est pure !
C'est là tout. Moi coupable, elle pure ; ta foi
Pour elle, – un coup d'épée ou de poignard pour moi.
Voilà. – Puis fais jeter le cadavre à la porte
Et laver le plancher, si tu veux, il n'importe !

DOÑA SOL

Ah ! moi seule ai tout fait. Car je l'aime.

Don Ruy se détourne à ce mot en tressaillant, et fixe sur doña Sol un regard terrible. Elle se jette à ses genoux.

Oui, pardon !
Je l'aime, monseigneur !

DON RUY GOMEZ

Vous l'aimez !

À Hernani.

Tremble donc !

Bruit de trompettes au-dehors. – Entre le page [1]. Au page.

Qu'est ce bruit ?

LE PAGE

C'est le roi, monseigneur, en personne,
Avec un gros d'archers [2] et son héraut [3] qui sonne.

---

1. *Page* : voir note 3, p. 58.
2. *Avec un gros d'archers* : avec de nombreux archers.
3. *Héraut* : officier chargé des proclamations officielles. Ses interventions étaient précédées d'appels à la trompette.

DOÑA SOL

Dieu ! le roi ! dernier coup !

LE PAGE, *au duc.*

Il demande pourquoi
La porte est close, et veut qu'on ouvre.

DON RUY GOMEZ

Ouvrez au roi.

Le page s'incline et sort.

DOÑA SOL

Il est perdu.

Don Ruy Gomez va à l'un des tableaux, qui est son propre portrait et le dernier à gauche ; il presse un ressort, le portrait s'ouvre comme une porte et laisse voir une cachette pratiquée dans le mur. – Il se tourne vers Hernani.

DON RUY GOMEZ

Monsieur, venez ici.

HERNANI

Ma tête
Est à toi. Livre-la, seigneur. Je la tiens prête.
Je suis ton prisonnier.

Il entre dans la cachette. Don Ruy presse de nouveau le ressort, tout se referme, et le portrait revient à sa place.

DOÑA SOL, *au duc.*

Seigneur, pitié pour lui !

LE PAGE, *entrant.*

Son altesse le roi !

Doña Sol baisse précipitamment son voile. – La porte s'ouvre à deux battants. Entre don Carlos en habit de guerre, suivi d'une foule de gentilshommes[1] *également armés, de pertuisaniers, d'arquebusiers, d'arbalétriers*[2].

Scène 6

DON RUY GOMEZ, DOÑA SOL, *voilée*,
DON CARLOS, *suite*

Don Carlos s'avance à pas lents, la main gauche sur le pommeau de son épée, la droite dans sa poitrine, et fixe sur le vieux duc un œil de défiance et de colère. Le duc va au-devant du roi, et le salue profondément. – Silence. – Attente et terreur à l'entour[3]. *Enfin le roi, arrivé en face du duc, lève brusquement la tête.*

DON CARLOS

D'où vient donc aujourd'hui,
Mon cousin, que ta porte est si bien verrouillée ?
Par les saints ! je croyais ta dague[4] plus rouillée !
Et je ne savais pas qu'elle eût hâte à ce point,
Quand nous te venons voir, de reluire à ton poing !

Don Ruy Gomez veut parler, le roi poursuit avec un geste impérieux.

---

1. ***Gentilshommes*** : hommes nobles de naissance.
2. ***Pertuisaniers***, ***arquebusiers***, ***arbalétriers*** : ces personnages figurent sur scène des soldats dotés des armes suivantes : la pertuisane est une lance se terminant par un fer triangulaire ; l'arquebuse est une arme à feu qui s'enclenche par l'intermédiaire d'une mèche ; l'arbalète est une arme composée d'un arc d'acier avec un ressort.
3. ***À l'entour*** : voir note 3, p. 141.
4. ***Dague*** : voir note 1, p. 75.

C'est s'y prendre un peu tard pour faire le jeune homme !
Avons-nous des turbans ? serait-ce qu'on me nomme
Boabdil ou Mahom[1], et non Carlos, répond[2] !
Pour nous baisser la herse[3] et nous lever le pont[4] ?

DON RUY GOMEZ, *s'inclinant.*

Seigneur…

DON CARLOS, *à ses gentilshommes.*

Prenez les clefs, saisissez-vous des portes !

Deux officiers sortent. Plusieurs autres rangent les soldats en triple haie dans la salle, du roi à la grande porte. Don Carlos se retourne vers le duc.

Ah ! vous réveillez donc les rébellions mortes[5] !
Pardieu, si vous prenez de ces airs avec moi,
Messieurs les ducs, le roi prendra des airs de roi !
Et j'irai par les monts, de mes mains aguerries,
Dans leurs nids crénelés[6] tuer les seigneuries !

DON RUY GOMEZ, *se redressant.*

Altesse, les Silva sont loyaux…

DON CARLOS, *l'interrompant.*

Sans détours,

---

1. ***Boabdil*** : dernier roi maure de Grenade. Capturé en 1483 par les Castillans, il fut libéré à la condition de livrer Grenade. Une fois libre, il refusa néanmoins d'abdiquer. Grenade fut conquise en 1492 et Boabdil s'exila au Maroc. ***Mahom*** : abréviation de « Mahomet ». Ici, don Carlos trouve bizarre le traitement dont il a fait l'objet, s'étonnant de voir don Ruy Gomez si peu enclin à le laisser pénétrer dans son château.
2. ***Répond*** : réponds (licence poétique).
3. ***Herse*** : grille.
4. ***Pont*** : pont-levis.
5. ***Rébellions mortes*** : révoltes passées des grands seigneurs contre le roi.
6. ***Crénelés*** : voir note 2, p. 123.

Réponds, duc ! ou je fais raser tes onze tours !
De l'incendie éteint il reste une étincelle,
Des bandits morts il reste un chef. – Qui le recèle ?
C'est toi ! Ce Hernani, rebelle empoisonneur,
Ici, dans ton château, tu le caches !

DON RUY GOMEZ

Seigneur,
C'est vrai.

DON CARLOS

Fort bien. Je veux sa tête – ou bien la tienne,
Entends-tu, mon cousin ?

DON RUY GOMEZ, *s'inclinant.*

Mais qu'à cela ne tienne !...
Vous serez satisfait.

Doña Sol cache sa tête dans ses mains et tombe sur le fauteuil.

DON CARLOS, *radouci.*

Ah ! tu t'amendes [1] ! – Va
Chercher mon prisonnier.

Le duc croise les bras, baisse la tête et reste quelques moments rêveur. Le roi et doña Sol l'observent en silence et agités d'émotions contraires. Enfin le duc relève son front, va au roi, lui prend la main et le mène à pas lents devant le plus ancien des portraits, celui qui commence la galerie à droite du spectateur.

DON RUY GOMEZ, *montrant au roi le vieux portrait.*

Celui-ci, des Silva

1. ***Tu t'amendes*** : tu t'améliores, tu te corriges.

C'est l'aîné, c'est l'aïeul, l'ancêtre, le grand homme !
Don Silvius, qui fut trois fois consul de Rome.

Passant au portrait suivant.

Voici don Galceran de Silva, l'autre Cid !
On lui garde à Toro [1], près de Valladolid [2],
Une châsse [3] dorée où brûlent mille cierges.
Il affranchit Léon [4] du tribut des cent vierges !

Passant à un autre.

– Don Blas, – qui, de lui-même et dans sa bonne foi,
S'exila pour avoir mal conseillé le roi.

À un autre.

– Christoval ! – Au combat d'Escalona [5], don Sanche [6],
Le roi, fuyait à pied, et sur sa plume blanche
Tous les coups s'acharnaient ; il cria : Christoval !
Christoval prit la plume et donna son cheval.

À un autre.

– Don Jorge [7], – qui paya la rançon de Ramire [8],
Roi d'Aragon.

---

1. ***Toro*** : ville du Léon (voir note 3, p. 106).
2. ***Valladolid*** : ville importante du centre de l'Espagne, résidence des rois de Castille depuis le XVe siècle.
3. ***Châsse*** : voir note 4, p. 130.
4. ***Léon*** : voir note 3, p. 106.
5. ***Escalona*** : ville du centre de l'Espagne.
6. ***Don Sanche*** : il existe plusieurs rois de Navarre et de Castille de ce nom. On peut notamment songer au roi de Navarre et de Castille qui régna entre 1029 et 1035, période riche en exploits épiques.
7. ***Don Jorge*** : il existe plusieurs rois espagnols de ce nom.
8. ***Ramire*** : roi d'Aragon et de Navarre, qui régna entre 1043 et 1094.

DON CARLOS, *croisant les bras et le regardant de la tête aux pieds.*

Pardieu ! don Ruy, je vous admire !
Continuez !

DON RUY GOMEZ, *passant à un autre.*

Voici Ruy Gomez de Silva,
Grand maître de Saint-Jacque et de Calatrava [1].
Son armure géante irait mal à nos tailles ;
Il prit trois cents drapeaux, gagna trente batailles,
Conquit au roi Motril, Antequera, Suez,
Nijar [2], et mourut pauvre. – Altesse, saluez !

Il s'incline, se découvre et passe à un autre. – Le roi l'écoute avec une impatience et une colère toujours croissantes.

Près de lui, Gil son fils, cher aux âmes loyales.
Sa main pour un serment valait les mains royales.

À un autre.

– Don Gaspar, de Mendoce et de Silva l'honneur !
Toute noble maison tient à Silva, seigneur.
Sandoval tour à tour nous craint ou nous épouse.
Manrique nous envie et Lara nous jalouse.
Alencastre [3] nous hait. Nous touchons à la fois
Du pied à tous les ducs, du front à tous les rois !

---

1. ***Saint-Jacque*** et ***Calatrava*** : ordres religieux et militaires, datant du XIIe siècle, créés dans la perspective de lutter contre les Maures (voir note 3, p. 56).
2. ***Motril, Antequera, Suez, Nijar*** : ces villes d'Andalousie furent reprises aux musulmans aux XIIIe et XIVe siècles.
3. ***Sandoval***, ***Manrique***, ***Lara***, ***Alencastre*** : familles de l'aristocratie espagnole.

DON CARLOS

Vous raillez-vous[1] ?…

DON RUY GOMEZ, *allant à d'autres portraits.*

Voilà don Vasquez, dit le Sage ;
Don Jayme[2], dit le Fort. Un jour, sur son passage,
Il arrêta Zamet[3] et cent Maures[4] tout seul. –
J'en passe, et des meilleurs. –

Sur un geste de colère du roi, il passe un grand nombre de tableaux, et vient tout de suite aux trois derniers portraits à gauche du spectateur.

Voici mon noble aïeul.
Il vécut soixante ans, gardant la foi jurée,
Même aux juifs. –

À l'avant-dernier.

Ce vieillard, cette tête sacrée,
C'est mon père. Il fut grand, quoiqu'il vînt le dernier.
Les Maures de Grenade avaient fait prisonnier
Le comte Alvar Giron, son ami. Mais mon père
Prit pour l'aller chercher six cents hommes de guerre ;
Il fit tailler en pierre un comte Alvar Giron
Qu'à sa suite il traîna, jurant par son patron[5]
De ne point reculer que le comte de pierre
Ne tournât front lui-même, et n'allât en arrière.
Il combattit, puis vint au comte et le sauva.

---

1. ***Vous raillez-vous ?*** : voir note 1, p. 74.
2. ***Don Jayme*** : référence à Jacques Ier d'Aragon, dit « le Conquérant » (1208-1276).
3. ***Zamet*** : émir arabe, également connu sous le nom d'Ibn Melik el-Khaulana Samah, qui domina l'Espagne au VIIIe siècle.
4. ***Maures*** : voir note 3, p. 56.
5. ***Patron*** : saint protecteur.

DON CARLOS

Mon prisonnier !

DON RUY GOMEZ

C'était un Gomez de Silva !
Voilà donc ce qu'on dit quand dans cette demeure
On voit tous ces héros.

DON CARLOS

Mon prisonnier, sur l'heure !

DON RUY GOMEZ

Il s'incline profondément devant le roi, lui prend la main et le mène devant le dernier portrait, celui qui sert de porte à la cachette où il a fait entrer Hernani. Doña Sol le suit des yeux avec anxiété. – Attente et silence dans l'assistance.

Ce portrait, c'est le mien. – Roi don Carlos, merci ! –
Car vous voulez qu'on dise en le voyant ici :
« Ce dernier, digne fils d'une race [1] si haute,
Fut un traître et vendit la tête de son hôte ! »

Joie de doña Sol. Mouvement de stupeur dans les assistants. – Le roi déconcerté s'éloigne avec colère, puis reste quelques instants silencieux, les lèvres tremblantes et l'œil enflammé.

DON CARLOS

Duc, ton château me gêne et je le mettrai bas [2] !

DON RUY GOMEZ

Car vous me la paieriez, altesse, n'est-ce pas ?

---

1. ***Race*** : voir note 1, p. 92.
2. ***Je le mettrai bas*** : ici, je le détruirai.

DON CARLOS

Duc, j'en ferai raser les tours pour tant d'audace,
Et je ferai semer du chanvre[1] sur la place !

DON RUY GOMEZ

Mieux voir croître du chanvre où ma tour s'éleva
Qu'une tache ronger le vieux nom de Silva.

Aux portraits.

N'est-il pas vrai, vous tous ?

DON CARLOS

Duc, cette tête est nôtre,
Et tu m'avais promis...

DON RUY GOMEZ

J'ai promis l'une ou l'autre.

Aux portraits.

N'est-il pas vrai, vous tous ?

Montrant sa tête.

Je donne celle-ci.

Au roi.

Prenez-la.

DON CARLOS

Duc, fort bien. Mais j'y perds, grand merci !
La tête qu'il me faut est jeune, il faut que morte
On la prenne aux cheveux. La tienne ? que m'importe !
Le bourreau la prendrait par les cheveux en vain.

1. ***Chanvre*** : plante cultivée pour ses fibres textiles.

Tu n'en as pas assez pour lui remplir la main !

DON RUY GOMEZ

Altesse, pas d'affront ! Ma tête encore est belle,
Et vaut bien, que je crois [1], la tête d'un rebelle.
La tête d'un Silva, vous êtes dégoûté !

DON CARLOS

Livre-nous Hernani !

DON RUY GOMEZ

Seigneur, en vérité,
J'ai dit.

DON CARLOS, *à sa suite.*

Fouillez partout ! et qu'il ne soit point d'aile,
De cave, ni de tour…

DON RUY GOMEZ

Mon donjon est fidèle
Comme moi. Seul il sait le secret avec moi.
Nous le garderons bien tous deux !

DON CARLOS

Je suis le roi !

DON RUY GOMEZ

Hors que [2] de mon château, démoli pierre à pierre,
On ne fasse ma tombe, on n'aura rien.

DON CARLOS

Prière,

---

1. ***Que je crois*** : à ce que je crois.
2. ***Hors que*** : à moins que.

Menace, tout est vain ! – Livre-moi le bandit,
Duc, ou, tête et château, j'abattrai tout !

DON RUY GOMEZ

J'ai dit.

DON CARLOS

Hé bien donc ! au lieu d'une alors j'aurai deux têtes.

Au duc d'Alcalá.

Jorge ! arrêtez le duc !

DOÑA SOL, *arrachant son voile et se jetant entre le roi, le duc et les gardes.*

Roi don Carlos, vous êtes
Un mauvais roi !

DON CARLOS

Grand Dieu ! que vois-je ? doña Sol !

DOÑA SOL

Altesse, tu n'as pas le cœur d'un Espagnol !

DON CARLOS, *troublé.*

Madame, pour le roi vous êtes bien sévère.

Il s'approche de doña Sol.
Bas.

C'est vous qui m'avez mis au cœur cette colère !
Un homme devient ange ou monstre en vous touchant.
Ah ! quand on est haï, que vite on est méchant !
Si vous aviez voulu, peut-être, ô jeune fille,
J'étais grand, j'eusse été le lion de Castille ;
Vous m'en faites le tigre avec votre courroux[1].

---

1. ***Courroux*** : colère.

Le voilà qui rugit, madame ! taisez-vous !

Doña Sol lui jette un regard. Il s'incline.

Pourtant, j'obéirai.

Se tournant vers le duc.

Mon cousin, je t'estime.
Ton scrupule après tout peut sembler légitime.
Sois fidèle à ton hôte, infidèle à ton roi,
C'est bien. – Je te fais grâce et suis meilleur que toi.
– J'emmène seulement ta nièce comme otage.

DON RUY GOMEZ

Seulement !

DOÑA SOL, *interdite.*

Moi, seigneur !

DON CARLOS

Oui, vous !

DON RUY GOMEZ

Pas davantage !
Oh ! la grande clémence ! ô généreux vainqueur
Qui ménage[1] la tête et torture le cœur !
Belle grâce !

DON CARLOS

Choisis. – Doña Sol ou le traître.
Il me faut l'un des deux.

DON RUY GOMEZ

Oh ! vous êtes le maître !

---

1. ***Qui ménage*** : qui épargne.

Don Carlos s'approche de doña Sol pour l'emmener. Elle se réfugie vers don Ruy Gomez.

DOÑA SOL

Sauvez-moi, monseigneur !...

Elle s'arrête. – À part.

Malheureuse ! il le faut !
La tête de mon oncle ou l'autre !... – moi plutôt !

Au roi.

Je vous suis !

DON CARLOS, *à part.*

Par les saints, l'idée est triomphante !
Il faudra bien enfin s'adoucir, mon infante [1] !

Doña Sol va d'un pas grave et assuré au coffret qui renferme l'écrin [2], l'ouvre et y prend le poignard, qu'elle cache dans son sein. Don Carlos vient à elle et lui présente la main.

DON CARLOS, *à Doña Sol.*

Qu'emportez-vous là ?

DOÑA SOL

Rien.

DON CARLOS

Un joyau précieux ?

DOÑA SOL

Oui.

---

1. ***Infante*** : fille non héritière du roi.
2. ***Écrin*** : voir note 2, p. 127.

DON CARLOS, *souriant.*

Voyons.

DOÑA SOL

Vous verrez.

Elle lui donne la main et se dispose à le suivre. – Don Ruy Gomez, qui est resté immobile et profondément absorbé dans sa pensée, se retourne et fait quelques pas en criant.

DON RUY GOMEZ

Doña Sol ! terre et cieux !
Doña Sol ! – Puisque l'homme ici n'a point d'entrailles,
À mon aide, croulez, armures et murailles !

Il court au roi.

Laisse-moi mon enfant ! je n'ai qu'elle, ô mon roi !

DON CARLOS, *lâchant la main de doña Sol.*

Alors, mon prisonnier !

Le duc baisse la tête et semble en proie à une horrible hésitation, puis il se relève et regarde les portraits en joignant les mains vers eux.

DON RUY GOMEZ

Ayez pitié de moi,
Vous tous ! –

Il fait un pas vers la cachette ; doña Sol le suit des yeux avec anxiété. Il se retourne vers les portraits.

Oh ! voilez-vous ! votre regard m'arrête !

Il s'avance en chancelant jusqu'à son portrait, puis se retourne encore vers le roi.

Tu le veux ?

DON CARLOS

Oui.

Le duc lève en tremblant la main vers le ressort.

DOÑA SOL

Dieu !

DON RUY GOMEZ

Non !

Il se jette aux genoux du roi.

Par pitié, prends ma tête !

DON CARLOS

Ta nièce !

DON RUY GOMEZ, *se relevant.*

Prends-la donc ! et laisse-moi l'honneur !

DON CARLOS,

saisissant la main de doña Sol tremblante.

Adieu, duc.

DON RUY GOMEZ

Au revoir. –

Il suit de l'œil le roi, qui se retire lentement avec doña Sol, puis il met la main sur son poignard.

Dieu vous garde, seigneur !

Il revient sur le devant du théâtre, haletant[1], *immobile, sans plus rien voir ni entendre, l'œil fixe, les bras croisés sur sa poitrine, qui les soulève*

1. ***Haletant*** : voir note 7, p. 131.

comme par des mouvements convulsifs[1]. *Cependant, le roi sort avec doña Sol, et toute la suite de seigneurs sort après lui, deux à deux, gravement et chacun à son rang. Ils se parlent à voix basse entre eux.*

DON RUY GOMEZ, *à part.*

Roi, pendant que tu sors joyeux de ma demeure,
Ma vieille loyauté sort de mon cœur qui pleure !

Il lève les yeux, les promène autour de lui et voit qu'il est seul. Il court à la muraille, détache deux épées d'une panoplie[2], *les mesure toutes deux, puis les dépose sur une table. Cela fait, il va au portrait, pousse le ressort, la porte cachée se rouvre.*

Scène 7

DON RUY GOMEZ, HERNANI

DON RUY GOMEZ

Sors.

Hernani paraît à la porte de la cachette. Don Ruy lui montre les deux épées sur la table.

– Choisis. – Don Carlos est hors de la maison.
Il s'agit maintenant de me rendre raison[3].
Choisis ! – et faisons vite. – Allons donc ! ta main tremble !

HERNANI

Un duel ! nous ne pouvons, vieillard, combattre ensemble !

---

1. ***Mouvements convulsifs*** : voir note 4, p. 117.
2. ***Panoplie*** : voir note 2, p. 121.
3. ***De me rendre raison*** : de me rendre des comptes.

Don Ruy Gomez

Pourquoi donc ? As-tu peur ? n'es-tu point noble ? enfer !
Noble ou non ! pour croiser le fer avec le fer,
Tout homme qui m'outrage [1] est assez gentilhomme !

Hernani

Vieillard…

Don Ruy Gomez

Viens me tuer ou viens mourir, jeune homme !

Hernani

Mourir, oui. – Vous m'avez sauvé malgré mes vœux.
Donc ma vie est à vous. Reprenez-la.

Don Ruy Gomez

Tu veux ?

Aux portraits.

Vous voyez qu'il le veut.

À Hernani.

C'est bon. Fais ta prière.

Hernani

Oh ! c'est à toi, seigneur, que je fais la dernière !

Don Ruy Gomez

Parle à l'autre seigneur !

Hernani

Non, non, à toi ! – Vieillard,

---

1. ***M'outrage*** : voir note 3, p. 137.

Frappe-moi. Tout m'est bon, dague[1], épée ou poignard !
Mais fais-moi, par pitié, cette suprême joie !
Duc ! avant de mourir permets que je la voie !

DON RUY GOMEZ

La voir !

HERNANI

Au moins permets que j'entende sa voix
Une dernière fois ! rien qu'une seule fois !

DON RUY GOMEZ

L'entendre !

HERNANI

Oh ! je comprends, seigneur, ta jalousie.
Mais déjà par la mort ma jeunesse est saisie,
Pardonne-moi. Veux-tu, dis-moi, que, sans la voir,
S'il le faut, je l'entende ? et je mourrai ce soir.
L'entendre seulement ! contente mon envie !
Mais, oh ! qu'avec douceur j'exhalerais ma vie
Si tu daignais vouloir qu'avant de fuir aux cieux
Mon âme allât revoir la sienne dans ses yeux !
– Je ne lui dirai rien, tu seras là, mon père !
Tu me prendras après !

DON RUY GOMEZ, *montrant la cachette encore ouverte.*

Saints du ciel ! ce repaire
Est-il donc si profond, si sourd et si perdu,
Qu'il n'ait entendu rien ?

HERNANI

Je n'ai rien entendu.

---

1. ***Dague*** : voir note 1, p. 75.

DON RUY GOMEZ

Il a fallu livrer doña Sol ou toi-même.

HERNANI

À qui, livrée ?

DON RUY GOMEZ

Au roi.

HERNANI

Vieillard stupide ! il l'aime !

DON RUY GOMEZ

Il l'aime !

HERNANI

Il nous l'enlève ! il est notre rival !

DON RUY GOMEZ

Ô malédiction ! – Mes vassaux ! à cheval !
À cheval ! poursuivons le ravisseur !

HERNANI

Écoute,
La vengeance au pied sûr fait moins de bruit en route.
Je t'appartiens. Tu peux me tuer. Mais veux-tu
M'employer à venger ta nièce et sa vertu ?
Ma part dans ta vengeance ! oh ! fais-moi cette grâce !
Et s'il faut embrasser tes pieds, je les embrasse !
Suivons le roi tous deux. Viens ; je serai ton bras,
Je te vengerai, duc. – Après, tu me tueras.

DON RUY GOMEZ

Alors, comme aujourd'hui, te laisseras-tu faire ?

HERNANI

Oui, duc.

DON RUY GOMEZ

Qu'en jures-tu ?

HERNANI

La tête de mon père.

DON RUY GOMEZ

Voudras-tu de toi-même un jour t'en souvenir ?

HERNANI,

lui présentant le cor[1] *qu'il ôte de sa ceinture.*

Écoute, prends ce cor. Quoi qu'il puisse advenir,
Quand tu voudras, seigneur, quel que soit le lieu, l'heure,
S'il te passe à l'esprit qu'il est temps que je meure,
Viens, sonne de ce cor, et ne prends d'autres soins ;
Tout sera fait.

DON RUY GOMEZ, *lui tendant la main.*

Ta main ?

Ils se serrent la main. – Aux portraits.

Vous tous, soyez témoins.

1. ***Cor*** : voir note 2, p. 33.

■ Répétition de la pièce mise en scène par Robert Hossein à la Comédie-Française (1974) avec Nicolas Silberg, Dominique Rozan, Geneviève Casile et François Beaulieu.

IV. LE TOMBEAU

Aix-la-Chapelle[1]

Acte IV

Les caveaux qui renferment le tombeau de Charlemagne, à Aix-la-Chapelle. De grandes voûtes d'architecture lombarde[2]. Gros piliers bas, pleins-cintres[3], chapiteaux d'oiseaux et de fleurs. – À droite, le tombeau de Charlemagne, avec une petite porte de bronze, basse et cintrée[4]. Une seule lampe, suspendue à une clef de voûte, en éclaire l'inscription : KAROLVS MAGNVS[5]. *– Il est nuit. On ne voit pas le fond du souterrain ; l'œil se perd dans les arcades, les escaliers et les piliers qui s'entrecroisent dans l'ombre[6].*

---

1. ***Aix-la-Chapelle*** : voir note 2, p. 20. En réalité, l'élection de Charles Quint à la tête de l'Empire eut lieu à Francfort, le 28 juin 1519 (voir Présentation, p. 28, et note 4, p. 84). Le couronnement se déroula bien à Aix-la-Chapelle, le 23 octobre 1520. Hugo semble avoir fusionné les deux événements pour les besoins de la dramaturgie.
2. ***Architecture lombarde*** : ensemble des œuvres architecturales principalement réalisées à l'époque du royaume lombard (Italie, VIe-VIIIe siècles).
3. ***Pleins-cintres*** : voûtes en demi-cercle.
4. ***Cintrée*** : courbée en demi-cercle.
5. ***Karolus Magnus*** : Charles le Grand, en latin, francisé en Charlemagne.
6. Le décor de 1830 présentait un grand escalier, le tombeau de Charlemagne se trouvant à gauche pour les spectateurs (côté jardin).

Scène 1

DON CARLOS, DON RICARDO DE ROXAS,
comte de Casapalma, une lanterne à la main.

Grands manteaux, chapeaux rabattus.

DON RICARDO, *son chapeau à la main.*

C'est ici.

DON CARLOS

C'est ici que la ligue[1] s'assemble !
Que je vais dans ma main les tenir tous ensemble !
– Ha ! monsieur l'électeur de Trèves[2], c'est ici !
Vous lui prêtez ce lieu[3] ! Certe[4], il est bien choisi !
Un noir complot prospère à l'air des catacombes.
Il est bon d'aiguiser les stylets[5] sur des tombes.
Pourtant c'est jouer gros. La tête est de l'enjeu,
Messieurs les assassins ! et nous verrons. – Pardieu !
Ils font bien de choisir pour une telle affaire
Un sépulcre[6] ; – ils auront moins de chemin à faire.

À don Ricardo.

Ces caveaux sous le sol s'étendent-ils bien loin ?

---

1. ***La ligue*** : le groupe de comploteurs. Cet acte reprend les grandes lignes de la révolte des *comuneros*, un soulèvement armé des villes de Castille contre Charles Quint entre 1520 et 1521. L'affrontement déboucha sur une guerre, appelée guerre des Communautés, et s'acheva par la victoire de Charles Quint qui réprima férocement les chefs rebelles.
2. ***L'électeur de Trèves*** : l'archevêque de Trèves, qui faisait partie des sept électeurs au Saint Empire romain germanique.
3. ***Vous lui prêtez ce lieu*** : vous prêtez ce lieu à la ligue.
4. ***Certe*** : voir note 1, p. 122.
5. ***Stylets*** : poignards (le mot peut aussi désigner un poinçon permettant d'écrire).
6. ***Sépulcre*** : voir note 2, p. 125.

DON RICARDO

Jusques[1] au château fort.

DON CARLOS

C'est plus qu'il n'est besoin.

DON RICARDO

D'autres, de ce côté, vont jusqu'au monastère
D'Altenheim[2]...

DON CARLOS

Où Rodolphe extermina Lothaire[3].
Bien. – Une fois encor, comte, redites-moi
Les noms et les griefs[4], où, comment et pourquoi.

DON RICARDO

Gotha.

DON CARLOS

Je sais pourquoi le brave duc conspire.
Il veut un Allemand d'Allemagne à l'Empire.

DON RICARDO

Hohenbourg.

DON CARLOS

Hohenbourg aimerait mieux, je croi[5],

---

1. ***Jusques*** : jusque (licence poétique pour prononcer le « e »).
2. ***Monastère d'Altenheim*** : établissement voisin d'Aix-la-Chapelle.
3. ***Lothaire Ier*** (795-855) est un descendant de Charlemagne et empereur d'Occident qui lutta contre Rodolphe, roi de Bourgogne.
4. ***Griefs*** : reproches, motifs de plainte.
5. ***Croi*** : crois (licence poétique pour la rime de l'œil avec « moi » au vers suivant).

L'enfer avec François[1] que le ciel avec moi.

DON RICARDO

Don Gil Tellez Giron[2].

DON CARLOS

Castille et Notre-Dame !
Il se révolte donc contre son roi, l'infâme !

DON RICARDO

On dit qu'il vous trouva chez madame Giron
Un soir que vous veniez de le faire baron[3].
Il veut venger l'honneur de sa tendre compagne.

DON CARLOS

C'est donc qu'il se révolte alors contre l'Espagne.
Qui nomme-t-on encore ?

DON RICARDO

On cite avec ceux-là
Le révérend Vasquez, évêque d'Ávila[4].

DON CARLOS

Est-ce aussi pour venger la vertu de sa femme ?

DON RICARDO

Puis Guzman de Lara, mécontent, qui réclame
Le collier de votre ordre[5].

---

1. ***François*** : François Ier, roi de France.
2. ***Don Gil Tellez Giron*** : membre actif de la révolte des *comuneros* (voir note 1, p. 170).
3. ***Le faire baron*** : le nommer baron.
4. ***Ávila*** : ville du centre de l'Espagne où se rassemblèrent les *comuneros*.
5. ***Votre ordre*** : il s'agit de l'ordre de la Toison d'or (voir note 4, p. 81).

DON CARLOS

Ah ! Guzman de Lara !
Si ce n'est qu'un collier qu'il lui faut, il l'aura.

DON RICARDO

Le duc de Lutzelbourg. – Quant aux plans qu'on lui prête…

DON CARLOS

Le duc de Lutzelbourg est trop grand de la tête [1].

DON RICARDO

Juan de Haro, qui veut Astorga [2].

DON CARLOS

Ces Haro
Ont toujours fait doubler la solde du bourreau.

DON RICARDO

C'est tout.

DON CARLOS

Ce ne sont pas toutes mes têtes. Comte,
Cela ne fait que sept et je n'ai pas mon compte.

DON RICARDO

Ah ! je ne nomme pas quelques bandits gagés [3]
Par Trève [4] ou par la France…

---

1. Il faut sans doute comprendre que le duc de Lutzelbourg a trop d'ambition par rapport à ses moyens. La mention de la tête peut aussi suggérer une couronne.

2. ***Astorga*** : ville du Léon (voir note 3, p. 106).

3. ***Gagés*** : payés.

4. ***Trève*** : Trèves (licence poétique).

DON CARLOS

Hommes sans préjugés
Dont le poignard, toujours prêt à jouer son rôle,
Tourne aux plus gros écus[1], comme l'aiguille au pôle[2] !

DON RICARDO

Pourtant j'ai distingué deux hardis[3] compagnons,
Tous deux nouveau-venus, un jeune, un vieux…

DON CARLOS

Leurs noms ?

Don Ricardo lève les épaules en signe d'ignorance.

Leur âge ?

DON RICARDO

Le plus jeune a vingt ans.

DON CARLOS

C'est dommage.

DON RICARDO

Le vieux, soixante au moins.

DON CARLOS

L'un n'a pas encor l'âge
Et l'autre ne l'a plus. Tant pis. J'en prendrai soin.
Le bourreau peut compter sur mon aide au besoin.
Ah ! loin que mon épée aux factions soit douce[4],

---

1. ***Écus*** : voir note 2, p. 126.
2. ***L'aiguille au pôle*** : référence à l'aiguille d'une boussole, qui indique le nord.
3. ***Hardis*** : voir note 3, p. 89.
4. ***Loin que mon épée aux factions soit douce*** : comme mon épée est loin d'être douce pour ceux qui complotent contre moi.

Je la lui prêterai si sa hache s'émousse [1],
Comte ! et pour l'élargir, je coudrai, s'il le faut,
Ma pourpre impériale [2] au drap de l'échafaud [3].
– Mais serai-je empereur seulement ? –

DON RICARDO

Le collège [4],
À cette heure assemblé, délibère.

DON CARLOS

Que sais-je ?
Ils nommeront François Premier, ou leur Saxon,
Leur Frédéric le Sage [5] ! – Oh ! Luther a raison,
Tout va mal ! – Beaux faiseurs de majestés sacrées !
N'acceptant pour raisons que les raisons dorées !
Un Saxon hérétique [6] ! un comte Palatin [7]
Imbécile ! un primat de Trèves [8] libertin !
– Quant au roi de Bohême, il est pour moi. – Des princes
De Hesse [9], plus petits encor que leurs provinces !
De jeunes idiots ! des vieillards débauchés !
Des couronnes, fort bien ! mais des têtes ?... cherchez !
Des nains ! que je pourrais, concile [10] ridicule,

---

1. ***S'émousse*** : voir note 1, p. 71.
2. ***Pourpre impériale*** : voir note 2, p. 85.
3. ***Échafaud*** : voir note 1, p. 69.
4. ***Collège*** : ici, assemblée des votants.
5. ***Frédéric le Sage*** : Frédéric de Saxe (voir note 2, p. 84).
6. Frédéric III protégea Luther. La bulle pontificale de 1520 qui excommunia Luther fit de ses partisans des hérétiques.
7. ***Un comte Palatin*** : membre du collège électoral de l'Empire.
8. ***Un primat de Trèves*** : l'archevêque de Trèves bénéficiait du statut de primat, c'est-à-dire qu'il était supérieur à tous les autres archevêques d'Allemagne.
9. ***Hesse*** : région (Land) située au centre-ouest de l'Allemagne.
10. ***Concile*** : assemblée (ici, celle des électeurs).

Dans ma peau de lion emporter comme Hercule [1] !
Et qui, démaillotés du manteau violet [2],
Auraient la tête encor de moins que Triboulet [3] !
– Il me manque trois voix, Ricardo ! tout me manque ! –
Oh ! je donnerais Gand, Tolède et Salamanque [4],
Mon ami Ricardo, trois villes à leur choix.
Pour trois voix, s'ils voulaient ! vois-tu, pour ces trois voix,
Oui, trois de mes cités de Castille ou de Flandre [5],
Je les donnerais ! – sauf, plus tard, à les reprendre !

Don Ricardo salue profondément le roi, et met son chapeau sur sa tête.

– Vous vous couvrez ?

DON RICARDO

Seigneur, vous m'avez tutoyé,

Saluant de nouveau.

Me voilà grand d'Espagne [6].

DON CARLOS, *à part.*

Ah ! tu me fais pitié !
Ambitieux de rien ! – Engeance intéressée [7] !
Comme à travers la nôtre ils suivent leur pensée !

---

1. Après avoir tué le lion de Némée, ce héros de la mythologie grecque utilisa sa peau comme armure car elle ne pouvait être percée.
2. ***Manteau violet*** : attribut des électeurs.
3. ***Triboulet*** : bouffon de la cour de France sous Louis XII et François Ier.
4. ***Salamanque*** : ville du nord-ouest de l'Espagne, réputée aux XVe et XVIe siècles pour son université.
5. ***Flandre*** : voir note 2, p. 89.
6. ***Grand d'Espagne*** : voir note 2, p. 70. Le roi tutoyait les grands d'Espagne, rares sujets autorisés à garder leur chapeau en sa présence.
7. ***Engeance intéressée*** : race d'hommes égoïstes.

Basse-cour où le roi, mendié sans pudeur,
À tous ces affamés émiette la grandeur !

Rêvant.

Dieu seul et l'empereur sont grands ! – et le Saint-Père[1] !
Le reste !… rois et ducs ! qu'est cela ?

Don Ricardo

Moi, j'espère
Qu'ils prendront votre altesse.

Don Carlos, *à part.*

Altesse ! altesse, moi !
J'ai du malheur en tout. – S'il fallait rester roi !

Don Ricardo, *à part.*

Baste[2] ! empereur ou non, me voilà grand d'Espagne.

Don Carlos

Sitôt qu'ils auront fait l'empereur d'Allemagne,
Quel signal à la ville annoncera son nom ?

Don Ricardo

Si c'est le duc de Saxe[3], un seul coup de canon.
Deux si c'est le Français, trois si c'est votre altesse.

Don Carlos

Et cette doña Sol !… Tout m'irrite et me blesse !
Comte, si je suis fait empereur, par hasard,
Cours la chercher. – Peut-être on voudra d'un César[4] !…

---

1. ***Le Saint-Père*** : voir note 3, p. 86.
2. ***Baste*** : assez, cela suffit.
3. ***Le duc de Saxe*** : voir note 2, p. 84.
4. ***César*** : empereur.

DON RICARDO, *souriant.*

Votre altesse est bien bonne !

DON CARLOS, *l'interrompant avec hauteur.*

Ha ! là-dessus, silence !
Je n'ai point dit encor ce que je veux qu'on pense.
– Quand saura-t-on le nom de l'élu ?

DON RICARDO

Mais, je crois,
Dans une heure, au plus tard.

DON CARLOS

Oh ! trois voix ! rien que trois !
– Mais écrasons d'abord ce ramas [1] qui conspire,
Et nous verrons après à qui sera l'empire.

Il compte sur ses doigts et frappe du pied.

Toujours trois voix de moins ! – Ah ! ce sont eux qui l'ont !
– Ce Corneille Agrippa [2] pourtant en sait bien long !
Dans l'océan céleste il a vu treize étoiles
Vers la mienne, du nord, venir à pleines voiles. –
J'aurai l'empire ! allons. – Mais d'autre part on dit
Que l'abbé Jean Tritême [3] à François l'a prédit.
– J'aurais dû, pour mieux voir ma fortune éclaircie [4],
Avec quelque armement aider la prophétie !

---

1. ***Ramas*** : ramassis, groupe.
2. ***Corneille Agrippa*** (1486-1535) fut un médecin, alchimiste et philosophe allemand, historiographe de Charles Quint. Il fut emprisonné pour exercice de la magie.
3. ***Jean Tritême*** (ou Trithème ; 1462-1516) fut un astrologue qui aurait tiré l'horoscope de François Ier à son avènement.
4. ***Pour mieux voir ma fortune éclaircie*** : pour y voir plus clair dans mon avenir.

Toutes prédictions du sorcier le plus fin
Viennent bien mieux à terme et font meilleure fin
Quand une bonne armée, avec canons et piques,
Gens de pied, de cheval, fanfares et musiques,
Prête à montrer la route au sort qui veut broncher,
Leur sert de sage-femme et les fait accoucher.
Lequel vaut mieux, Corneille Agrippa ? Jean Tritême ?
Celui dont une armée explique le système,
Qui met un fer de lance au bout de ce qu'il dit,
Et compte maint[1] soudard[2], lansquenet[3] ou bandit
Dont l'estoc[4], refaisant la fortune imparfaite,
Taille l'événement au plaisir du prophète.
– Pauvres fous ! qui, l'œil fier, le front haut, visent droit
À l'empire du monde et disent : J'ai mon droit !
Ils ont force canons, rangés en longues files,
Dont le souffle embrasé ferait fondre des villes ;
Ils ont vaisseaux, soldats, chevaux, et vous croyez
Qu'ils vont marcher au but sur les peuples broyés...
Baste ! au grand carrefour de la fortune humaine
Qui mieux encor qu'au trône à l'abîme nous mène,
À peine ils font trois pas, qu'indécis, incertains,
Tâchant en vain de lire au livre des destins,
Ils hésitent, peu sûrs d'eux-même[5], et dans le doute
Au nécroman[6] du coin vont demander leur route !

À don Ricardo.

---

1. ***Maint*** : voir note 3, p 70.
2. ***Soudard*** : soldat.
3. ***Lansquenet*** : mercenaire.
4. ***Estoc*** : voir note 3, p. 101.
5. ***D'eux-même*** : d'eux-mêmes (licence poétique).
6. ***Nécroman*** : magicien qui invoque les âmes des morts pour les interroger sur l'avenir.

– Va-t'en. C'est l'heure où vont venir les conjurés [1].
Ah ! la clef du tombeau !

DON RICARDO, *remettant une clef au roi.*

Seigneur, vous songerez
Au comte de Limbourg, gardien capitulaire [2],
Qui me l'a confiée et fait tout pour vous plaire.

DON CARLOS, *le congédiant.*

Fais tout ce que j'ai dit ! tout !

DON RICARDO, *s'inclinant.*

J'y vais de ce pas,
Altesse !

DON CARLOS

Il faut trois coups de canon, n'est-ce pas ?

Don Ricardo s'incline et sort.
Don Carlos, resté seul, tombe dans une profonde rêverie. Ses bras se croisent, sa tête fléchit sur sa poitrine, puis il la relève et se tourne vers le tombeau.

Scène 2

DON CARLOS, *seul.*

Charlemagne, pardon ! – Ces voûtes solitaires
Ne devraient répéter que paroles austères ;
Tu t'indignes sans doute à ce bourdonnement
Que nos ambitions font sur ton monument.

---

1. ***Conjurés*** : voir note 1, p. 58.
2. ***Gardien capitulaire*** : gardien au service d'une assemblée religieuse.

– Charlemagne est ici ! – Comment, sépulcre[1] sombre,
Peux-tu sans éclater contenir si grande ombre ?
Es-tu bien là, géant d'un monde créateur[2],
Et t'y peux-tu coucher de toute ta hauteur ? –
Ah ! c'est un beau spectacle à ravir la pensée
Que l'Europe ainsi faite et comme il l'a laissée !
Un édifice, avec deux hommes au sommet,
Deux chefs élus[3] auxquels tout roi né se soumet.
Presque tous les états, duchés, fiefs[4] militaires,
Royaumes, marquisats, tous sont héréditaires ;
Mais le peuple a parfois son pape ou son César[5],
Tout marche, et le hasard corrige le hasard.
De là vient l'équilibre, et toujours l'ordre éclate.
Électeurs de drap d'or, cardinaux d'écarlate[6],
Double sénat[7] sacré dont la terre s'émeut,
Ne sont là qu'en parade, et Dieu veut ce qu'il veut.
Qu'une idée, au besoin des temps[8], un jour éclose,
Elle grandit, va, court, se mêle à toute chose,
Se fait homme, saisit les cœurs, creuse un sillon ;
Maint[9] roi la foule aux pieds ou lui met un bâillon ;
Mais qu'elle entre un matin à la diète[10], au conclave[11],

---

1. ***Sépulcre*** : voir note 2, p. 125.
2. Il faut comprendre ici « géant créateur d'un monde ».
3. ***Deux chefs élus*** : l'empereur et le pape.
4. ***Fiefs*** : domaines.
5. ***César*** : voir note 4, p. 177.
6. ***Électeurs de drap d'or*** : allusion au manteau des électeurs du Saint Empire qui était brodé d'or. ***Écarlate*** : le manteau des cardinaux était rouge.
7. ***Sénat*** : ici, assemblée.
8. ***Au besoin des temps*** : selon les besoins de l'époque.
9. ***Maint*** : voir note 3, p. 70.
10. ***Diète*** : assemblée des électeurs de l'Empire.
11. ***Conclave*** : réunion des cardinaux réunis à Rome pour élire un nouveau pape.

Et tous les rois soudain verront l'idée esclave
Sur leurs têtes de rois que ses pieds courberont
Surgir, le globe[1] en main ou la tiare[2] au front.
Le pape et l'empereur sont tout. Rien n'est sur terre
Que pour eux et par eux. Un suprême mystère
Vit en eux ; et le ciel, dont ils ont tous les droits,
Leur fait un grand festin des peuples et des rois
Et les tient sous sa nue[3], où son tonnerre gronde,
Seuls, assis à la table où Dieu leur sert le monde.
Tête à tête ils sont là, réglant et retranchant,
Arrangeant l'univers comme un faucheur son champ.
Tout se passe entre eux deux. Les rois sont à la porte,
Respirant la vapeur des mets que l'on apporte,
Regardant à la vitre, attentifs, ennuyés,
Et se haussant pour voir sur la pointe des pieds.
Le monde au-dessous d'eux s'échelonne et se groupe.
Ils font et défont. L'un délie et l'autre coupe.
L'un est la vérité, l'autre est la force. Ils ont
Leur raison en eux-même[4], et sont parce qu'ils sont[5].
Quand ils sortent, tous deux égaux, du sanctuaire,
L'un dans sa pourpre[6], et l'autre avec son blanc suaire[7],
L'univers ébloui contemple avec terreur
Ces deux moitiés de Dieu, le pape et l'empereur.
– L'empereur ! l'empereur ! être empereur ! Ô rage,
Ne pas l'être[8] ! – et sentir son cœur plein de courage !

---

1. ***Globe*** : boule surmontée d'une croix, symbole chrétien du pouvoir royal.
2. ***Tiare*** : couvre-chef à triple couronne porté notamment par le pape.
3. ***Sous sa nue*** : sous les nuages, sous le ciel.
4. ***En eux-même*** : voir note 5, p. 179.
5. Il s'agit d'une allusion à Exode, III, 14, où Dieu déclare : « Je suis celui qui suis. »
6. ***Pourpre*** : voir note 2, p. 85.
7. ***Suaire*** : drap qui sert à ensevelir un mort ; ici, vêtement blanc du pape.
8. Allusion au fameux « Être ou ne pas être » dans *Hamlet* de Shakespeare.

Qu'il fut heureux celui qui dort dans ce tombeau !
Qu'il fut grand ! – De son temps c'était encor plus beau.
Le pape et l'empereur ! ce n'était plus deux hommes.
Pierre et César [1] ! en eux accouplant les deux Romes [2],
Fécondant l'une et l'autre en un mystique hymen [3],
Redonnant une forme, une âme au genre humain,
Faisant refondre en bloc peuples et pêle-mêle
Royaumes, pour en faire une Europe nouvelle,
Et tous deux remettant au moule de leur main
Le bronze qui restait du vieux monde romain !
Oh ! quel destin ! – Pourtant cette tombe est la sienne !
Tout est-il donc si peu que ce soit là qu'on vienne ?
Quoi donc ! avoir été prince, empereur et roi !
Avoir été l'épée ! avoir été la loi !
Géant, pour piédestal avoir eu l'Allemagne !
Quoi ! pour titre [4] César et pour nom Charlemagne !
Avoir été plus grand qu'Annibal [5], qu'Attila [6],
Aussi grand que le monde !… – et que tout tienne là !
Ha ! briguez [7] donc l'empire ! et voyez la poussière
Que fait un empereur ! couvrez la terre entière
De bruit et de tumulte. Élevez, bâtissez

1. ***Pierre*** est le premier pape de Rome, tandis que ***César*** est désigné ici comme le premier empereur de Rome (ce fut en réalité Auguste).

2. Rome apparaît ici à la fois comme la capitale de la chrétienté et celle de l'Empire romain. Charlemagne, en créant l'Empire chrétien d'Occident, est réputé avoir uni le politique au religieux.

3. ***Hymen*** : voir note 7, p. 69.

4. ***Titre*** : voir note 1, p. 72.

5. ***Annibal*** : Hannibal Barca (IIIe-IIe siècles avant notre ère) fut un général carthaginois célèbre pour avoir traversé les Alpes avec des éléphants afin d'attaquer Rome.

6. ***Attila*** (Ve siècle) : guerrier turco-mongol qui conquit un immense empire, en attaquant notamment l'Empire romain.

7. ***Briguez*** : cherchez à obtenir.

Votre empire, et jamais ne dites : C'est assez !
Taillez à larges pans un édifice immense !
Savez-vous ce qu'un jour il en reste ? – ô démence !
Cette pierre ! – et du titre et du nom triomphants ? –
Quelques lettres, à faire épeler des enfants !
Si haut que soit le but où votre orgueil aspire,
Voilà le dernier terme !... – Oh ! l'empire ! l'empire !
Que m'importe ! j'y touche, et le trouve à mon gré.
Quelque chose me dit : Tu l'auras ! – Je l'aurai. –
Si je l'avais !... – Ô ciel ! être ce qui commence !
Seul, debout, au plus haut de la spirale immense !
D'une foule d'états l'un sur l'autre étagés
Être la clef de voûte, et voir sous soi rangés
Les rois, et sur leur tête essuyer ses sandales ;
Voir au-dessous des rois les maisons féodales,
Margraves [1], cardinaux, doges [2], ducs à fleurons [3] ;
Puis évêques, abbés, chefs de clans [4], hauts barons [5] ;
Puis clercs [6] et soldats ; puis, loin du faîte [7] où nous sommes,
Dans l'ombre, tout au fond de l'abîme, – les hommes.
– Les hommes ! – c'est-à-dire une foule, une mer,
Un grand bruit ; pleurs et cris, parfois un rire amer,
Plainte qui, réveillant, la terre qui s'effare,
À travers tant d'échos, nous arrive fanfare !
Les hommes ! – des cités, des tours, un vaste essaim,
– De hauts clochers d'église à sonner le tocsin [8] ! –

---

1. ***Margraves*** : princes souverains d'Allemagne.
2. ***Doges*** : ducs élus de Venise et de Gênes.
3. ***Fleurons*** : décoration à motifs floraux ornant les couronnes des ducs.
4. ***Clans*** : groupes de familles écossaises placés sous l'autorité d'un chef héréditaire.
5. ***Hauts barons*** : grands seigneurs.
6. ***Clercs*** : religieux.
7. ***Faîte*** : sommet.
8. ***Tocsin*** : voir note 2, p. 118.

Rêvant.

Base de nations portant sur leurs épaules
La pyramide énorme appuyée aux deux pôles,
Flots vivants, qui toujours l'étreignant de leurs plis,
La balancent, branlante, à leur vaste roulis,
Font tout changer de place et, sur ses hautes zones,
Comme des escabeaux font chanceler les trônes,
Si bien que tous les rois, cessant leurs vains débats,
Lèvent les yeux au ciel… – Rois ! regardez en bas !
– Ah ! le peuple ! – océan ! – onde sans cesse émue !
Où l'on ne jette rien sans que tout ne remue !
Vague qui broie un trône et qui berce un tombeau !
Miroir où rarement un roi se voit en beau !
Ah ! si l'on regardait parfois dans ce flot sombre,
On y verrait au fond des empires sans nombre,
Grands vaisseaux naufragés, que son flux et reflux
Roule, et qui le gênaient, et qu'il ne connaît plus !
– Gouverner tout cela ! – Monter, si l'on vous nomme,
À ce faîte ! – Y monter, sachant qu'on n'est qu'un homme !
– Avoir l'abîme là !… – Pourvu qu'en ce moment
Il n'aille pas me prendre un éblouissement [1] !
Oh ! d'états et de rois mouvante pyramide,
Ton faîte est bien étroit ! – Malheur au pied timide !
À qui me retiendrai-je ?… – Oh ! si j'allais faillir
En sentant sous mes pieds le monde tressaillir !
En sentant vivre, sourdre [2] et palpiter la terre !
– Puis, quand j'aurai ce globe entre mes mains, qu'en faire ?
Le pourrai-je porter seulement ? Qu'ai-je en moi ?
Être empereur ! mon Dieu ! j'avais trop d'être roi !

---

1. ***Éblouissement*** : malaise, vertige.
2. ***Sourdre*** : émerger, jaillir.

Certe[1], il n'est qu'un mortel de race[2] peu commune
Dont puisse s'élargir l'âme avec la fortune.
Mais moi ! qui me fera grand ? qui sera ma loi ?
Qui me conseillera ?… –

Il tombe à deux genoux devant le tombeau.

Charlemagne ! c'est toi !
Oh ! puisque Dieu, pour qui tout obstacle s'efface,
Prend nos deux majestés et les met face à face,
Verse-moi dans le cœur, du fond de ce tombeau,
Quelque chose de grand, de sublime et de beau !
Oh ! par tous ses côtés fais-moi voir toute chose !
Montre-moi que le monde est petit, car je n'ose
Y toucher. Montre-moi que sur cette Babel[3]
Qui du pâtre[4] à César va montant jusqu'au ciel,
Chacun en son degré se complaît et s'admire,
Voit l'autre par-dessous et se retient d'en rire.
Apprends-moi tes secrets de vaincre et de régner,
Et dis-moi qu'il vaut mieux punir que pardonner !
– N'est-ce pas ? – S'il est vrai qu'en son lit solitaire
Parfois une grande ombre, au bruit que fait la terre,
S'éveille, et que soudain son tombeau large et clair
S'entrouvre, et dans la nuit jette au monde un éclair ;
Si cette chose est vraie, empereur d'Allemagne,
Oh ! dis-moi ce qu'on peut faire après Charlemagne !
Parle ! dût en parlant ton souffle souverain

---

1. ***Certe*** : voir note 1, p. 122.
2. ***Race*** : voir note 1, p. 92.
3. Allusion à la Genèse, XI, 1-9, où les hommes unis construisent la tour de Babel pour atteindre le ciel. Voyant cela, Dieu leur envoie des langues différentes pour qu'ils ne puissent plus se comprendre. La tour demeure inachevée.
4. ***Pâtre*** : voir note 1, p. 73.

Me briser sur le front cette porte d'airain[1] !
Ou plutôt, laisse-moi seul dans ton sanctuaire
Entrer ; laisse-moi voir ta face mortuaire ;
Ne me repousse pas d'un souffle d'aquilons[2] ;
Sur ton chevet de pierre accoude-toi. Parlons.
Oui, dusses-tu me dire, avec ta voix fatale[3],
De ces choses qui font l'œil sombre et le front pâle,
Parle, et n'aveugle pas ton fils épouvanté,
Car ta tombe sans doute est pleine de clarté !
Ou, si tu ne dis rien, laisse en ta paix profonde
Carlos étudier ta tête comme un monde ;
Laisse, qu'il te mesure à loisir, ô géant ;
Car rien n'est ici-bas si grand que ton néant !
Que la cendre, à défaut de l'ombre, me conseille !

Il approche la clef de la serrure.

Entrons !

Il recule.

Dieu ! S'il allait me parler à l'oreille !
S'il était là, debout et marchant à pas lents !
Si j'allais ressortir avec des cheveux blancs !
Entrons toujours ! –

Bruit de pas.

On vient ! – Qui donc ose à cette heure,
Hors moi, d'un pareil mort éveiller la demeure ?
Qui donc ?

Le bruit s'approche.

---

1. ***D'airain*** : de bronze.
2. ***D'aquilons*** : de vents violents.
3. ***Fatale*** : voir note 2, p. 75.

Ah ! j'oubliais ! ce sont mes assassins !
Entrons !

Il ouvre la porte du tombeau qu'il referme sur lui. – Entrent plusieurs hommes marchant à pas sourds, cachés sous leurs manteaux et leurs chapeaux.

Scène 3

LES CONJURÉS [1]

Ils vont les uns aux autres en se prenant la main et en échangeant quelques paroles à voix basse.

PREMIER CONJURÉ, *portant seul une torche allumée.*
Ad augusta.

DEUXIÈME CONJURÉ
Per angusta [2].

PREMIER CONJURÉ
Les saints
Nous protègent.

TROISIÈME CONJURÉ
Les morts nous servent.

PREMIER CONJURÉ
Dieu nous garde.

Bruit de pas dans l'ombre.

---

1. ***Conjurés*** : voir note 1, p. 58.
2. Le mot de passe choisi par les conjurés, « *Ad augusta per angusta* », signifie en latin « Vers les sommets par des chemins étroits ».

DEUXIÈME CONJURÉ

Qui vive[1] ?

VOIX DANS L'OMBRE

Ad augusta.

DEUXIÈME CONJURÉ

Per angusta.

Entrent de nouveaux conjurés. – Bruit de pas.

PREMIER CONJURÉ, *au troisième.*

Regarde.

Il vient encor quelqu'un.

TROISIÈME CONJURÉ

Qui vive ?

VOIX DANS L'OMBRE

Ad augusta.

TROISIÈME CONJURÉ

Per angusta.

Entrent de nouveaux conjurés, qui échangent des signes de main avec tous les autres.

PREMIER CONJURÉ

C'est bien. Nous voilà tous. – Gotha,

Fais le rapport. – Amis, l'ombre attend la lumière.

Tous les conjurés s'asseyent en demi-cercle sur des tombeaux. Le premier conjuré passe tour à tour devant tous, et chacun allume à sa torche une

1. ***Qui vive ?*** : est-ce qu'il y a quelqu'un ? (par ellipse de « y a-t-il âme qui vive ? »).

cire[1] *qu'il tient à la main. Puis le premier conjuré va s'asseoir en silence sur une tombe, au centre du cercle et plus haute que les autres.*

LE DUC DE GOTHA, *se levant.*

Amis, Charles d'Espagne, étranger par sa mère[2],
Prétend au Saint Empire.

PREMIER CONJURÉ

Il aura le tombeau.

LE DUC DE GOTHA

Il jette sa torche à terre et l'écrase du pied.

Qu'il en soit de son front comme de ce flambeau !

TOUS

Que ce soit !

PREMIER CONJURÉ

Mort à lui !

LE DUC DE GOTHA

Qu'il meure !

TOUS

Qu'on l'immole !

DON JUAN DE HARO

Son père est allemand.

---

1. *Cire* : voir note 2, p. 91.
2. Jeanne Ire de Castille, dite Jeanne la Folle (1479-1555), mère de Charles Quint, était infante d'Espagne quand elle épousa le fils de l'empereur Maximilien (voir note 2, p. 28).

LE DUC DE LUTZELBOURG

Sa mère est espagnole.

LE DUC DE GOTHA

Il n'est plus espagnol et n'est pas allemand.
Mort !

UN CONJURÉ

Si les électeurs allaient dans ce moment
Le nommer empereur ?

PREMIER CONJURÉ

Eux ! lui ! jamais !

DON GIL TELLEZ GIRON

Qu'importe !
Amis ! frappons la tête et la couronne est morte !

PREMIER CONJURÉ

S'il a le Saint Empire, il devient, quel qu'il soit,
Très auguste [1], et Dieu seul peut le toucher du doigt !

LE DUC DE GOTHA

Le plus sûr, c'est qu'avant d'être auguste, il expire !

PREMIER CONJURÉ

On ne l'élira point !

TOUS

Il n'aura pas l'empire !

PREMIER CONJURÉ

Combien faut-il de bras pour le mettre au linceul [2] ?

---

1. ***Auguste*** : voir note 2, p. 87.
2. ***Linceul*** : voir note 3, p. 85.

TOUS

Un seul.

PREMIER CONJURÉ

Combien faut-il de coups au cœur ?

TOUS

Un seul.

PREMIER CONJURÉ

Qui frappera ?

TOUS

Nous tous !

PREMIER CONJURÉ

La victime est un traître.
Ils font un empereur. Nous, faisons un grand prêtre[1].
Tirons au sort.

Tous les conjurés écrivent leur nom sur leurs tablettes, déchirent la feuille, la roulent et vont l'un après l'autre la jeter dans l'urne d'un tombeau. – Puis le premier conjuré dit :

– Prions.

Tous s'agenouillent. Le premier conjuré se relève et dit :

Que l'élu croie en Dieu,
Frappe comme un Romain, meure comme un Hébreu !
Il faut qu'il brave roue et tenailles mordantes,
Qu'il chante aux chevalets, rie aux lampes ardentes[2],

---

1. Pour les conjurés, leur tentative d'assassinat est un acte saint.

2. ***Roue*, *tenailles*, *chevalets*, *lampes ardentes*** : ces termes évoquent des instruments de torture utilisés pour faire avouer les suspects.

Enfin que, pour tuer et mourir résigné,
Il fasse tout !

Il tire un des parchemins de l'urne.

TOUS

Quel nom ?

PREMIER CONJURÉ, *à haute voix.*

Hernani.

HERNANI, *sortant de la foule des conjurés.*

J'ai gagné !
– Je te tiens, toi que j'ai si longtemps poursuivie,
Vengeance !

DON RUY GOMEZ,
perçant la foule et prenant Hernani à part.

Oh ! cède-moi ce coup !

HERNANI

Non, sur ma vie !
Oh ! ne m'enviez pas ma fortune, seigneur !
C'est la première fois qu'il m'arrive bonheur !

DON RUY GOMEZ

Tu n'as rien. Eh bien, tout, fiefs [1], châteaux, vasselages [2],
Cent mille paysans dans mes trois cents villages,
Pour ce coup à frapper, je te les donne, ami !

HERNANI

Non !

---

1. ***Fiefs*** : voir note 4, p. 181.
2. ***Vasselages*** : vassaux, hommes dépendants du suzerain.

LE DUC DE GOTHA

Ton bras porterait un coup moins affermi,
Vieillard !

DON RUY GOMEZ

Arrière ! vous ! sinon le bras, j'ai l'âme.
Aux rouilles du fourreau ne jugez point la lame.

À Hernani.

– Tu m'appartiens !

HERNANI

Ma vie à vous, la sienne à moi.

DON RUY GOMEZ, *tirant le cor*[1] *de sa ceinture.*

Elle ! je te la cède, et te rends ce cor.

HERNANI, *ébranlé.*

Quoi ?
La vie et doña Sol ! – Non ! je tiens ma vengeance !
Avec Dieu dans ceci je suis d'intelligence[2].
J'ai mon père à venger !… peut-être plus encor !

DON RUY GOMEZ

Elle ! je te la donne, et je te rends ce cor !

HERNANI

Non !

DON RUY GOMEZ

Réfléchis, enfant !

---

1. ***Cor*** : voir note 2, p. 33.
2. ***Avec Dieu dans ceci je suis d'intelligence*** : dans tout ceci je suis en accord avec Dieu.

HERNANI

Duc ! laisse-moi ma proie !

DON RUY GOMEZ

Eh bien ! maudit sois-tu de m'ôter cette joie !

Il remet le cor à sa ceinture.

PREMIER CONJURÉ, *à Hernani.*

Frère ! avant qu'on ait pu l'élire, il serait bien
D'attendre dès ce soir Carlos…

HERNANI

Ne craignez rien !
Je sais comment on pousse un homme dans la tombe.

PREMIER CONJURÉ

Que toute trahison sur le traître retombe,
Et Dieu soit avec vous ! – Nous, comtes et barons,
S'il périt sans tuer, continuons ! – Jurons
De frapper tour à tour et sans nous y soustraire
Carlos qui doit mourir.

TOUS, *tirant leurs épées.*

Jurons !

LE DUC DE GOTHA, *au premier conjuré.*

Sur quoi, mon frère ?

DON RUY GOMEZ, *retourne son épée,*
la prend par la pointe et l'élève au-dessus de sa tête.

Jurons sur cette croix !

TOUS, *élevant leurs épées.*

Qu'il meure impénitent[1] !

On entend un coup de canon éloigné. Tous s'arrêtent en silence. – La porte du tombeau s'entrouvre et don Carlos paraît sur le seuil, pâle ; il écoute. – Un second coup. – Un troisième coup. – Il ouvre tout à fait la porte du tombeau, mais sans faire un pas, debout et immobile sur le seuil.

Scène 4

LES CONJURÉS[2], DON CARLOS, *puis* DON RICARDO, SEIGNEURS, GARDES, LE ROI DE BOHÊME, LE DUC DE BAVIÈRE, *puis* DOÑA SOL

DON CARLOS

Messieurs, allez plus loin ! l'empereur vous entend.

Tous les flambeaux s'éteignent à la fois. – Profond silence. – Il fait un pas dans les ténèbres si épaisses qu'on y distingue à peine les conjurés muets et immobiles.

Silence et nuit ! l'essaim en sort et s'y replonge !
Croyez-vous que ceci va passer comme un songe,
Et que je vous prendrai, n'ayant plus vos flambeaux,
Pour des hommes de pierre assis sur leurs tombeaux ?
Vous parliez tout à l'heure assez haut, mes statues !
Allons ! relevez donc vos têtes abattues,
Car voici Charles Quint ! Frappez ! faites un pas !
Voyons : oserez-vous ? – Non, vous n'oserez pas !

---

1. ***Impénitent*** : sans avoir été lavé de ses péchés par la confession.
2. ***Conjurés*** : voir note 1, p. 58.

– Vos torches flamboyaient sanglantes sous ces voûtes.
Mon souffle a donc suffi pour les éteindre toutes !
Mais voyez, et tournez vos yeux irrésolus,
Si j'en éteins beaucoup, j'en allume encor plus !

Il frappe de la clef de fer sur la porte de bronze du tombeau. À ce bruit, toutes les profondeurs du souterrain se remplissent de soldats portant des torches et des pertuisanes[1]. *À leur tête, le duc d'Alcalá, le marquis d'Almuñan, etc.*

– Accourez, mes faucons ! j'ai le nid, j'ai la proie !

Aux conjurés.

– J'illumine à mon tour. Le sépulcre[2] flamboie !
Regardez !

Aux soldats.

Venez tous ! car le crime est flagrant !

HERNANI, *regardant les soldats.*

À la bonne heure[3] ! seul, il me semblait trop grand.
C'est bien. – J'ai cru d'abord que c'était Charlemagne,
Ce n'est que Charles Quint !

DON CARLOS, *au duc d'Alcalá.*

Connétable[4] d'Espagne !

Au marquis d'Almuñan.

Amiral de Castille, ici ! – Désarmez-les.

On entoure les conjurés et on les désarme.

---

1. ***Pertuisanes*** : lances.
2. ***Sépulcre*** : voir note 2, p. 125.
3. ***À la bonne heure*** : tant mieux.
4. ***Connétable*** : officier qui commande l'armée en l'absence du roi.

DON RICARDO,
accourant et s'inclinant jusqu'à terre.

Majesté !...

DON CARLOS

Je te fais alcade[1] du palais.

DON RICARDO, *s'inclinant de nouveau.*

Deux électeurs, au nom de la chambre dorée[2],
Viennent complimenter la Majesté sacrée[3] !

DON CARLOS

Qu'ils entrent.

Bas à Ricardo.

Doña Sol !

Ricardo salue et sort. – Entrent, avec flambeaux et fanfares, le roi de Bohême et le duc de Bavière, tout en drap d'or, couronnes en tête. Nombreux cortège de seigneurs allemands, portant la bannière de l'empire, l'aigle à deux têtes, avec l'écusson[4] d'Espagne au milieu. – Les soldats s'écartent, se rangent en haie, et font passage aux deux électeurs, jusqu'à l'empereur qu'ils saluent profondément, et qui leur rend leur salut en soulevant son chapeau.

LE DUC DE BAVIÈRE

Charles ! roi des Romains,
Majesté très sacrée, empereur ! dans vos mains

---

1. ***Alcade*** : voir note 1, p. 119.
2. ***Chambre dorée*** : il s'agit de la diète (réunion des électeurs de l'Empire), dont les membres portaient un manteau brodé d'or.
3. ***Majesté sacrée*** : titre officiel de l'empereur.
4. ***Écusson*** : voir note 1, p. 121.

Le monde est maintenant, car vous avez l'empire.
Il est à vous, ce trône où tout monarque aspire !
Frédéric, duc de Saxe [1], y fut d'abord élu,
Mais, vous jugeant plus digne, il n'en a pas voulu.
Venez donc recevoir la couronne et le globe [2].
Le Saint-Empire, ô roi, vous revêt de la robe.
Il vous arme du glaive [3], et vous êtes très grand.

DON CARLOS

J'irai remercier le collège en rentrant.
Allez, messieurs. – Merci, mon frère de Bohême,
Mon cousin de Bavière, allez ! – J'irai moi-même.

LE ROI DE BOHÊME

Charles ! du nom d'amis nos aïeux se nommaient.
Mon père aimait ton père, et leurs pères s'aimaient.
Charles, si jeune en butte aux fortunes contraires,
Dis, veux-tu que je sois ton frère entre tes frères ?
Je t'ai vu tout enfant, et ne puis oublier…

DON CARLOS, *l'interrompant.*

Roi de Bohême ! eh bien ! vous êtes familier !

Il lui présente sa main à baiser, ainsi qu'au duc de Bavière, puis congédie les deux électeurs, qui le saluent profondément.

Allez !

Sortent les deux électeurs avec leur cortège.

LA FOULE

Vivat !

---

1. ***Duc de Saxe*** : voir note 2, p. 84.
2. ***Globe*** : voir note 1, p. 182.
3. ***Glaive*** : épée.

DON CARLOS, *à part.*

J'y suis ! – et tout m'a fait passage [1] !
Empereur ! – au refus de Frédéric le Sage [2] !

Entre doña Sol, conduite par don Ricardo.

DOÑA SOL

1695 Des soldats ! l'empereur ! ô ciel ! coup imprévu !
Hernani !

HERNANI

Doña Sol !

DON RUY GOMEZ, *à côté d'Hernani, à part.*

Elle ne m'a point vu !

Doña Sol court à Hernani. Il la fait reculer d'un regard de défiance.

HERNANI

Madame !...

DOÑA SOL, *tirant le poignard de son sein.*

J'ai toujours son poignard !

HERNANI, *lui tendant les bras.*

Mon amie !

DON CARLOS

Silence tous ! –

Aux conjurés.

Votre âme est-elle raffermie ?

---

1. ***Tout m'a fait passage*** : tout s'est écarté de mon chemin.
2. ***Frédéric le Sage*** : voir note 2, p. 84.

Il convient que je donne au monde une leçon.
Lara le Castillan et Gotha le Saxon,
Vous tous ! que venait-on faire ici ? parlez.

HERNANI, *faisant un pas.*

Sire,
La chose est toute simple, et l'on peut vous la dire.
Nous gravions la sentence au mur de Balthazar[1].

Il tire un poignard et l'agite.

Nous rendions à César ce qu'on doit à César[2].

DON CARLOS

Paix !

À don Ruy Gomez.

– Vous traître, Silva ?

DON RUY GOMEZ

Lequel de nous deux, sire ?

HERNANI, *se retournant vers les conjurés.*

Nos têtes et l'empire ! – Il a ce qu'il désire.

À l'empereur.

Le bleu manteau des rois pouvait gêner vos pas.
La pourpre[3] vous va mieux. Le sang n'y paraît pas.

---

1. Allusion à un épisode de la Bible (livre de Daniel, V), où le fils de Nabuchodonosor, roi de Babylone, aperçoit une inscription tracée sur le mur par une main invisible : « Mané, Thécel, Pharès » (« compté, pesé, divisé »). Pour le prophète Daniel, ce message annonce la chute du royaume de Babylone.
2. Allusion à la Bible (Matthieu, XXII, 21), où cette phrase est prononcée par Jésus.
3. ***La pourpre*** : voir note 2, p. 85.

DON CARLOS, *à don Ruy Gomez.*

Mon cousin de Silva, c'est une félonie[1]
À faire du blason rayer ta baronie !
C'est haute trahison, don Ruy, songes-y bien !

DON RUY GOMEZ

Les rois Rodrigue font les comtes Julien[2] !

DON CARLOS, *au duc d'Alcalá.*

Ne prenez que ce qui peut être duc ou comte. –
Le reste !… –

Don Ruy Gomez, le duc de Lutzelbourg, le duc de Gotha, don Juan de Haro, don Guzman de Lara, don Tellez Giron, le baron de Hohenbourg se séparent du groupe des conjurés, parmi lesquels est resté Hernani. Le duc d'Alcalá les entoure étroitement de gardes.

DOÑA SOL

Il est sauvé !

HERNANI, *sortant du groupe des conjurés.*

Je prétends qu'on me compte !

À don Carlos.

Puisqu'il s'agit de hache[3] ici, que Hernani,
Pâtre obscur[4], sous tes pieds passerait impuni,
Puisque son front n'est plus au niveau de ton glaive,

1. ***Félonie*** : traîtrise.
2. Le roi wisigoth Rodrigue avait insulté la fille du comte Julien, son vassal. Ce dernier, avec l'aide des Arabes, battit son ennemi (en 711).
3. ***Hache*** : ici, décapitation (la décapitation à la hache était le mode d'exécution des nobles).
4. ***Pâtre obscur*** : berger inconnu.

Puisqu'il faut être grand pour mourir, je me lève.
Dieu qui donne le sceptre et qui te le donna
M'a fait duc de Segorbe et duc de Cardona,
Marquis de Monroy, comte Albatera, vicomte
De Gor, seigneur de lieux dont j'ignore le compte.
Je suis Jean d'Aragon, grand maître d'Avis [1], né
Dans l'exil, fils proscrit [2] d'un père assassiné
Par sentence du tien, roi Carlos de Castille !
Le meurtre est entre nous affaire de famille.
Vous avez l'échafaud [3], nous avons le poignard.
Donc le ciel m'a fait duc et l'exil montagnard.
Mais puisque j'ai sans fruit [4] aiguisé mon épée
Sur les monts, et dans l'eau des torrents retrempée,

Il met son chapeau.
Aux autres conjurés.

Couvrons-nous, grands d'Espagne [5] ! –

Tous les Espagnols se couvrent.
À don Carlos.

Oui, nos têtes, ô roi,
Ont le droit de tomber couvertes devant toi !

Aux prisonniers.

– Silva ! Haro ! Lara ! gens de titre [6] et de race [7],
Place à Jean d'Aragon ! ducs et comtes ! ma place !

Aux courtisans et aux gardes.

---

1. ***Avis*** : ville du Portugal.
2. ***Proscrit*** : voir note 1, p. 31.
3. ***Échafaud*** : voir note 1, p. 69.
4. ***Sans fruit*** : en vain, inutilement.
5. ***Couvrons-nous, grands d'Espagne*** : voir note 6, p. 176.
6. ***Titre*** : voir note 1, p. 72.
7. ***Race*** : voir note 1, p. 92.

Je suis Jean d'Aragon, roi, bourreaux et valets !
Et si vos échafauds sont petits, changez-les !

Il vient se joindre au groupe des seigneurs prisonniers.

DOÑA SOL

Ciel !

DON CARLOS

En effet, j'avais oublié cette histoire.

HERNANI

Celui dont le flanc saigne a meilleure mémoire.
L'affront, que l'offenseur oublie en insensé,
Vit et toujours remue au cœur de l'offensé !

DON CARLOS

Donc je suis, c'est un titre à n'en point vouloir d'autres,
Fils de pères qui font choir la tête des vôtres !

DOÑA SOL, *se jetant à genoux devant l'empereur.*

Sire ! pardon ! pitié ! sire, soyez clément !
Ou frappez-nous tous deux, car il est mon amant [1],
Mon époux ! en lui seul je respire. – Oh ! je tremble.
Sire ! ayez la pitié de nous tuer ensemble !
Majesté ! je me traîne à vos sacrés genoux !
Je l'aime ! il est à moi, comme l'empire à vous !
Oh ! grâce !...

Don Carlos la regarde, immobile.

– Quel penser [2] sinistre vous absorbe ?... –

---

1. ***Amant*** : voir note 3, p. 60.
2. ***Quel penser*** : quelle pensée.

DON CARLOS

Allons ! relevez-vous, duchesse de Segorbe,
Comtesse Albatera, marquise de Monroy…

À Hernani.

– Tes autres noms, don Juan ? –

HERNANI

Qui parle ainsi ? le roi ?

DON CARLOS

Non, l'empereur.

DOÑA SOL, *se relevant.*

Grand Dieu !

DON CARLOS, *la montrant à Hernani.*

Duc, voilà ton épouse !

HERNANI, *les yeux au ciel et doña Sol dans ses bras.*

Juste Dieu !

DON CARLOS, *à don Ruy Gomez.*

Mon cousin, ta noblesse est jalouse,
Je sais. – Mais Aragon peut épouser Silva.

DON RUY GOMEZ, *sombre.*

Ce n'est pas ma noblesse !

HERNANI,
regardant doña Sol avec amour et la tenant embrassée.

Oh ! ma haine s'en va !

Il jette son poignard.

DON RUY GOMEZ, *à part, les regardant tous deux.*

Éclaterai-je ? oh non ! Fol amour ! douleur folle !
Tu leur ferais pitié, vieille tête espagnole !
Vieillard, brûle sans flamme, aime et souffre en secret,
Laisse ronger ton cœur ! Pas un cri. – L'on rirait !

DOÑA SOL, *dans les bras d'Hernani.*

Ô mon duc !

HERNANI

Je n'ai plus que de l'amour dans l'âme.

DOÑA SOL

Ô bonheur !

DON CARLOS, *à part, la main dans sa poitrine.*

Éteins-toi, cœur jeune et plein de flamme !
Laisse régner l'esprit, que longtemps tu troublas :
Tes amours désormais, tes maîtresses, hélas !
C'est l'Allemagne, c'est la Flandre [1], c'est l'Espagne.

L'œil fixé sur sa bannière.

L'empereur est pareil à l'aigle, sa compagne [2].
À la place du cœur, il n'a qu'un écusson.

HERNANI

Ah ! vous êtes César [3] !

DON CARLOS, *à Hernani.*

De ta noble maison,
Don Juan, ton cœur est digne.

---

1. ***Flandre*** : voir note 2, p. 89.
2. ***L'aigle, sa compagne*** : voir note 1, p. 114.
3. ***César*** : voir note 4, p. 177.

Montrant doña Sol.

Il est digne aussi d'elle.

– À genoux, duc !

Hernani s'agenouille. Don Carlos détache sa Toison d'or[1] *et la lui passe au cou.*

– Reçois ce collier.

Don Carlos tire son épée et l'en frappe trois fois sur l'épaule.

Sois fidèle !

– Par saint Étienne, duc, je te fais chevalier.

Il le relève et l'embrasse.

Mais tu l'as, le plus doux et le plus beau collier,
Celui que je n'ai pas, qui manque au rang suprême,
Les deux bras d'une femme aimée, et qui vous aime !
Ah ! tu vas être heureux ; – moi, je suis empereur.

Aux conjurés.

Je ne sais plus vos noms, messieurs. – Haine et fureur,
Je veux tout oublier. Allez, je vous pardonne[2] !
C'est la leçon qu'au monde il convient que je donne.

Les conjurés tombent à genoux.

LES CONJURÉS

Gloire à Carlos !

DON RUY GOMEZ, *à don Carlos.*

Moi seul, je reste condamné.

---

1. ***Toison d'or*** : voir note 4, p. 81.

2. En réalité, Charles Quint réprima sans pitié la révolte des *comuneros*.

DON CARLOS

Et moi !

HERNANI

Je ne hais plus. Carlos a pardonné.
Qui donc nous change tous ainsi ?

TOUS, *soldats, conjurés, seigneurs.*

Vive Allemagne !
Honneur à Charles Quint !

DON CARLOS, *se tournant vers le tombeau.*

Honneur à Charlemagne !
– Laissez-nous seuls tous deux.

Tous sortent.

Scène 5

DON CARLOS, *seul.*

Il s'incline devant le tombeau.

Es-tu content de moi ?
Ai-je bien dépouillé [1] les misères du roi ?
Charlemagne ! empereur, suis-je bien un autre homme ?
Puis-je accoupler mon casque à la mitre [2] de Rome ?
Aux fortunes du monde ai-je droit de toucher ?
Ai-je un pied sûr et ferme, et qui puisse marcher
Dans ce sentier, semé des ruines vandales [3],
Que tu nous as battu de tes larges sandales ?

1. ***Dépouillé*** : ôté, enlevé.
2. ***Mitre*** : couvre-chef porté notamment par le pape.
3. ***Vandales*** : peuple du Ve siècle, célèbre pour avoir détruit de nombreux bâtiments (passé dans le langage courant).

Ai-je bien à ta flamme allumé mon flambeau ?
Ai-je compris la voix qui parle en ton tombeau ?
– Ah ! j'étais seul, perdu, seul devant un empire,
Tout un monde qui hurle, et menace, et conspire ;
Le Danois [1] à punir, le Saint-Père [2] à payer,
Venise [3], Soliman [4], Luther [5], François Premier,
Mille poignards jaloux luisant déjà dans l'ombre,
Des pièges, des écueils [6], des ennemis sans nombre,
Vingt peuples dont un seul ferait peur à vingt rois,
Tout pressé, tout pressant, tout à faire à la fois !
Je t'ai crié : – Par où faut-il que je commence ?
Et tu m'as répondu : – Mon fils, par la clémence !

---

1. ***Le Danois*** : il s'agit de Christian le Cruel, roi du Danemark, qui envahit la Suède en 1520.
2. ***Le Saint-Père*** : voir note 3, p. 86.
3. ***Venise*** : la république de Venise était à cette époque l'une des principales puissances d'Italie.
4. ***Soliman le Magnifique*** (1494-1566) : sultan qui régna près d'un demi-siècle et présida à l'apogée de l'Empire ottoman.
5. ***Luther*** : voir note 3, p. 51.
6. ***Écueils*** : voir note 7, p. 139.

Les romantiques à la représentation d'*Hernani*. Dessin de Stop.

■ Stop (1825-1899), *Les Romantiques à la représentation d'Hernani* (vers 1867), Guernesey, Hauteville House.

■ Benjamin Roubaud (1811-1847), *Le Grand Chemin de la postérité, les romantiques en cortège* (1842), Paris, Bibliothèque nationale de France.

V. LA NOCE

Saragosse[1]

Acte V

Une terrasse du palais d'Aragon. Au fond, la rampe d'un escalier qui s'enfonce dans le jardin. À droite et à gauche, deux portes donnant sur cette terrasse, que ferme au fond du théâtre une balustrade surmontée de deux rangs d'arcades moresques[2]*, au-dessus et au travers desquelles on voit les jardins du palais, les jets d'eau dans l'ombre, les bosquets avec des lumières qui s'y promènent, et au fond les faîtes*[3] *gothiques et arabes du palais illuminé. – Il est nuit. On entend des fanfares éloignées. – Des masques, des dominos*[4]*, épars, isolés ou groupés, traversent çà et là la terrasse. Sur le devant du théâtre, un groupe de jeunes seigneurs, les masques à la main, riant et causant à grand bruit.*

---

1. ***Saragosse*** : voir note 1, p. 59.
2. ***Moresques*** : voir note 3, p. 56.
3. ***Faîtes*** : voir note 7, p. 184.
4. ***Dominos*** : petits manteaux noirs à capuchon, portés dans les bals.

Scène 1

DON SANCHO SANCHEZ DE ZUNIGA, *comte de Monterey* ;
DON MATIAS CENTURION, *marquis d'Almuñan* ;
DON RICARDO DE ROXAS, *comte de Casapalma* ;
DON FRANCISCO DE SOTOMAYOR, *comte de Velalcazar* ;
DON GARCI SUAREZ DE CARBAJAL, *comte de Peñalver*

DON GARCI

Ma foi, vive la joie et vive l'épousée !

DON MATIAS, *regardant au balcon.*

Saragosse ce soir se met à la croisée [1].

DON GARCI

Et fait bien ! on ne vit jamais noce aux flambeaux
Plus gaie, et nuit plus douce, et mariés plus beaux !

DON MATIAS

Bon empereur !

DON SANCHO

Marquis, certain soir qu'à la brune [2]
Nous allions avec lui tous deux cherchant fortune,
Qui nous eût dit qu'un jour tout finirait ainsi ?

DON RICARDO, *l'interrompant.*

J'en étais.

Aux autres.

Écoutez l'histoire que voici :

---

1. ***Croisée*** : voir note 1, p. 96.
2. ***À la brune*** : au coucher du soleil.

Trois galants[1], un bandit que l'échafaud[2] réclame,
Puis un duc, puis un roi, d'un même cœur de femme
Font le siège à la fois. – L'assaut donné, qui l'a ?
C'est le bandit.

Don Francisco

Mais rien que de simple en cela.
L'amour et la fortune, ailleurs comme en Espagne,
Sont jeux de dés pipés[3]. C'est le voleur qui gagne !

Don Ricardo

Moi, j'ai fait ma fortune à voir faire l'amour[4].
D'abord comte, puis grand, puis alcade[5] de cour,
J'ai fort bien employé mon temps, sans qu'on s'en doute.

Don Sancho

Le secret de monsieur, c'est d'être sur la route
Du roi...

Don Ricardo

Faisant valoir mes droits, mes actions...

Don Garci

Vous avez profité de ses distractions.

Don Matias

Que devient le vieux duc ? Fait-il clouer sa bière[6] ?

---

1. ***Galants*** : voir note 2, p. 98.
2. ***Échafaud*** : voir note 1, p. 69.
3. ***Dés pipés*** : dés truqués.
4. ***Faire l'amour*** : faire la cour, séduire.
5. ***Alcade*** : voir note 1, p. 119.
6. ***Sa bière*** : son cercueil.

DON SANCHO

Marquis, ne riez pas. Car c'est une âme fière.
Il aimait doña Sol, ce vieillard. Soixante ans
Ont fait ses cheveux gris, un jour les a faits blancs !

DON GARCI

Il n'a pas reparu, dit-on, à Saragosse ?

DON SANCHO

Vouliez-vous pas qu'il mît son cercueil de la noce [1] ?

DON FRANCISCO

Et que fait l'empereur ?

DON SANCHO

L'empereur aujourd'hui
Est triste. Le Luther [2] lui donne de l'ennui.

DON RICARDO

Ce Luther, beau sujet de soucis et d'alarmes !
Que j'en finirais vite avec quatre gendarmes !

DON MATIAS

Le Soliman [3] aussi lui fait ombre.

DON GARCI

Ah ! Luther !
Soliman, Neptunus [4], le diable et Jupiter,
Que me font ces gens-là ? les femmes sont jolies,

---

1. ***Vouliez-vous pas [...] de la noce ?*** : Vous ne vouliez pas qu'il fasse apparaître son cercueil au mariage ?
2. ***Luther*** : voir note 3, p. 51.
3. ***Soliman*** : voir note 4, p. 209.
4. ***Neptunus*** : Neptune, dieu de la mer chez les Romains.

La mascarade[1] est rare, et j'ai dit cent folies !

DON SANCHO

Voilà l'essentiel.

DON RICARDO

Garci n'a point tort. Moi,
Je ne suis plus le même un jour de fête, et croi[2]
Qu'un masque que je mets me fait une autre tête,
En vérité !

DON SANCHO, *bas à don Matias.*

Que n'est-ce alors tous les jours fête !

DON FRANCISCO, *montrant la porte à droite.*

Messeigneurs, n'est-ce pas la chambre des époux ?

DON GARCI, *avec un signe de tête.*

Nous les verrons venir dans l'instant.

DON FRANCISCO

Croyez-vous ?

DON GARCI

Hé ! sans doute !

DON FRANCISCO

Tant mieux. L'épousée est si belle !

DON RICARDO

Que l'empereur est bon ! – Hernani, ce rebelle,

---

1. ***La mascarade*** : le bal masqué.
2. ***Croi*** : voir note 5, p. 171.

Avoir la Toison d'or [1] ! – marié ! – pardonné !
Loin de là [2], s'il m'eût cru, l'empereur eût donné
Lit de pierre [3] au galant, lit de plume à la dame.

DON SANCHO, *bas à don Matias.*

Que je le crèverais volontiers de ma lame !
Faux seigneur de clinquant [4] recousu de gros fil !
Pourpoint de comte, empli de conseils d'alguazil [5] !

DON RICARDO, *s'approchant.*

Que dites-vous là ?

DON MATIAS, *bas à don Sancho.*

Comte, ici pas de querelle !

À don Ricardo.

Il me chante un sonnet de Pétrarque [6] à sa belle.

DON GARCI

Avez-vous remarqué, messieurs, parmi les fleurs,
Les femmes, les habits de toutes les couleurs,
Ce spectre, qui, debout contre une balustrade,
De son domino [7] noir tachait la mascarade ?

DON RICARDO

Oui, pardieu !

---

1. ***Toison d'or*** : voir note 4, p. 81.
2. ***Loin de là*** : au lieu de faire cela.
3. ***Lit de pierre*** : tombeau.
4. ***Clinquant*** : voir note 1, p. 26.
5. ***Alguazil*** : agent de police.
6. ***Pétrarque*** (1304-1374) fut un grand poète italien qui écrivit des poèmes d'amour à Laure de Noves.
7. ***Domino*** : voir note 4, p. 211.

DON GARCI

Qu'est-ce donc ?

DON RICARDO

Mais sa taille, son air…
C'est don Prancasio, général de la mer.

DON FRANCISCO

Non.

DON GARCI

Il n'a pas quitté son masque.

DON FRANCISCO

Il n'avait garde[1].
C'est le duc de Soma qui veut qu'on le regarde.
Rien de plus.

DON RICARDO

Non. Le duc m'a parlé.

DON GARCI

Qu'est-ce alors
Que ce masque ? – Tenez, le voilà.

Entre un domino noir qui traverse lentement le fond du théâtre. Tous se retournent et le suivent des yeux sans qu'il paraisse y prendre garde.

DON SANCHO

Si les morts
Marchent, voici leur pas.

---

1. ***Il n'avait garde*** : il n'en avait pas envie, pas besoin.

DON GARCI, *courant au domino noir.*
Beau masque !

Le domino noir se retourne et s'arrête. Garci recule.

Sur mon âme,
Messeigneurs, dans ses yeux j'ai vu luire une flamme.

DON SANCHO
Si c'est le diable, il trouve à qui parler.

Il va au domino noir, toujours immobile.

Mauvais !
Nous viens-tu de l'enfer ?

LE MASQUE
Je n'en viens pas, j'y vais.

Il reprend sa marche, et disparaît par la rampe de l'escalier. Tous le suivent des yeux avec une sorte d'effroi.

DON MATIAS
La voix est sépulcrale [1], autant qu'on le peut dire.

DON GARCI
Baste [2] ! ce qui fait peur ailleurs, au bal fait rire !

DON SANCHO
Quelque mauvais plaisant [3] !

DON GARCI
Ou si c'est Lucifer

---

1. ***Sépulcrale*** : grave, profonde, semblant sortir d'un tombeau.
2. ***Baste*** : voir note 2, p. 177.
3. ***Mauvais plaisant*** : personne qui fait des plaisanteries de mauvais goût.

Qui vient nous voir danser en attendant l'enfer,
Dansons !

DON SANCHO

C'est, à coup sûr, quelque bouffonnerie[1].

DON MATIAS

Nous le saurons demain.

DON SANCHO, *à don Matias.*

Regardez, je vous prie.

Que devient-il ?

DON MATIAS, *à la balustrade de la terrasse.*

Il a descendu l'escalier.

– Plus rien.

DON SANCHO

C'est un plaisant drôle[2] !

Rêvant.

– C'est singulier[3].

DON GARCI, *à une dame qui passe.*

– Marquise, dansons-nous celle-ci[4] ?

Il la salue et lui présente la main.

LA DAME

Mon cher comte,

1. ***Bouffonnerie*** : farce.
2. ***Drôle*** : voir note 2, p. 101.
3. ***Singulier*** : ici, étrange.
4. ***Celle-ci*** : cette danse.

Vous savez, avec vous, que mon mari les compte.

DON GARCI

Raison de plus. Cela l'amuse apparemment.
C'est son plaisir. Il compte et nous dansons.

La dame lui donne la main et ils sortent.

DON SANCHO, *pensif.*

Vraiment,
C'est singulier.

DON MATIAS

Voici les mariés. Silence.

Entrent Hernani et doña Sol se donnant la main. Doña Sol en magnifique habit de mariée. Hernani tout en velours noir, avec la Toison d'or au cou. Derrière eux, foule de masques, de dames et de seigneurs qui leur font cortège. Deux hallebardiers[1] *en riche livrée*[2] *les suivent, et quatre pages*[3] *les précèdent. Tout le monde se range et s'incline sur leur passage. Fanfares.*

Scène 2

LES MÊMES, HERNANI, DOÑA SOL, *suite*

HERNANI, *saluant*

Chers amis !...

---

1. ***Hallebardiers*** : porteurs de hallebardes, armes dont la lame est fixée au bout d'un long manche.
2. ***Livrée*** : vêtement de serviteur arborant les couleurs d'un roi, d'un seigneur.
3. ***Pages*** : voir note 3, p. 58.

DON RICARDO, *allant à lui et s'inclinant.*

Ton bonheur fait le nôtre, excellence !

DON FRANCISCO, *contemplant doña Sol.*

Saint Jacques monseigneur ! c'est Vénus[1] qu'il conduit !

DON MATIAS

D'honneur ! on est heureux un pareil jour la nuit !

DON FRANCISCO,

montrant à don Matias la chambre nuptiale.

Qu'il va se passer là de gracieuses choses !
Être fée, et tout voir, feux éteints, portes closes,
Serait-ce pas[2] charmant ?

DON SANCHO, *à don Matias.*

Il est tard. Partons-nous ?

Tous vont saluer les mariés et sortent, les uns par la porte, les autres par l'escalier du fond.

HERNANI, *les reconduisant.*

Dieu vous garde !

DON SANCHO, *resté le dernier, lui serre la main.*

Soyez heureux.

Il sort.

Hernani et doña Sol restent seuls. – Bruit de pas et de voix qui s'éloignent, puis cessent tout à fait. Pendant tout le commencement de la scène qui suit, les fanfares et les lumières éloignées

1. ***Vénus*** : déesse romaine de l'amour et de la beauté.
2. ***Serait-ce pas*** : ne serait-ce pas.

s'éteignent par degrés[1]*. La nuit et le silence reviennent peu à peu.*

Scène 3

HERNANI, DOÑA SOL

DOÑA SOL

Ils s'en vont tous

Enfin !

HERNANI, *cherchant à l'attirer dans ses bras.*

Cher amour !

DOÑA SOL, *rougissant et reculant.*

C'est… qu'il est tard, ce me semble…

HERNANI

Ange ! Il est toujours tard pour être seuls ensemble !

DOÑA SOL

Ce bruit me fatiguait ! – N'est-ce pas, cher seigneur,
Que toute cette joie étourdit le bonheur ?

HERNANI

Tu dis vrai. Le bonheur, amie, est chose grave.
Il veut des cœurs de bronze et lentement s'y grave.
Le plaisir l'effarouche[2] en lui jetant des fleurs.
Son sourire est moins près du rire que des pleurs !

DOÑA SOL

Dans vos yeux ce sourire est le jour.

---

1. ***Par degrés*** : progressivement.
2. ***L'effarouche*** : l'effraie, l'intimide.

Hernani cherche à l'entraîner vers la porte. Elle rougit.

– Tout à l'heure.

HERNANI

Oh ! je suis ton esclave ! – Oui, demeure, demeure[1] !
Fais ce que tu voudras. Je ne demande rien.
Tu sais ce que tu fais ! ce que tu fais est bien !
Je rirai si tu veux, je chanterai. Mon âme
Brûle… Eh ! dis au volcan qu'il étouffe sa flamme,
Le volcan fermera ses gouffres entrouverts,
Et n'aura sur ses flancs que fleurs et gazons verts !
Car le géant est pris, le Vésuve[2] est esclave,
Et que t'importe, à toi, son cœur rongé de lave ?
Tu veux des fleurs ! c'est bien. Il faut que de son mieux
Le volcan tout brûlé s'épanouisse aux yeux !

DOÑA SOL

Oh ! que vous êtes bon pour une pauvre femme,
Hernani de mon cœur !

HERNANI

Quel est ce nom, madame ?
Oh ! ne me nomme plus de ce nom, par pitié !
Tu me fais souvenir que j'ai tout oublié !
Je sais qu'il existait autrefois, dans un rêve,
Un Hernani, dont l'œil avait l'éclair du glaive[3],
Un homme de la nuit et des monts, un proscrit[4]

---

1. *Demeure* : reste.
2. Le ***Vésuve*** est un volcan italien, célèbre notamment pour avoir provoqué la destruction de Pompéi.
3. *Glaive* : voir note 3, p. 199.
4. *Proscrit* : voir note 1, p. 31.

Sur qui le mot *vengeance* était partout écrit !
Un malheureux traînant après lui l'anathème[1] !
Mais je ne connais pas ce Hernani. – Moi, j'aime
Les prés, les fleurs, les bois, le chant du rossignol.
Je suis Jean d'Aragon, mari de doña Sol !
Je suis heureux !

DOÑA SOL

Je suis heureuse !

HERNANI

Que m'importe
Les haillons[2] qu'en entrant j'ai laissés à la porte !
Voici que je reviens à mon palais en deuil.
Un ange du Seigneur m'attendait sur le seuil.
J'entre, et remets debout les colonnes brisées,
Je rallume le feu, je rouvre les croisées[3],
Je fais arracher l'herbe au pavé de la cour,
Je ne suis plus que joie, enchantement, amour.
Qu'on me rende mes tours, mes donjons, mes bastilles,
Mon panache[4], mon siège au conseil des Castilles[5],
Vienne ma doña Sol, rouge et le front baissé,
Qu'on nous laisse tous deux, et le reste est passé !
Je n'ai rien vu, rien dit, rien fait, je recommence,
J'efface tout, j'oublie ! Ou sagesse ou démence,
Je vous ai, je vous aime, et vous êtes mon bien !

---

1. ***Anathème*** : voir note 8, p. 69.
2. ***Haillons*** : voir note 1, p. 87.
3. ***Croisées*** : voir note 1, p. 96.
4. ***Panache*** : assemblage de plumes qui sert d'ornement. Le mot désigne aussi une colonne de fumée, pour reprendre l'image du volcan, et a pour troisième sens une attitude morale élevée.
5. ***Conseil des Castilles*** : conseil du roi.

DOÑA SOL

Que sur ce velours noir ce collier d'or fait bien !

HERNANI

Vous vîtes avant moi le roi mis[1] de la sorte.

DOÑA SOL

Je n'ai pas remarqué. – Tout autre, que m'importe !
Puis, est-ce le velours ou le satin encor ?
Non, mon duc. C'est ton cou qui sied[2] au collier d'or[3] !
Vous êtes noble et fier, monseigneur.

Il veut l'entraîner.

– Tout à l'heure !
Un moment ! – Vois-tu bien ? c'est la joie, et je pleure.
Viens voir la belle nuit !

Elle va à la balustrade.

– Mon duc, rien qu'un moment !
Le temps de respirer et de voir seulement !
Tout s'est éteint, flambeaux et musique de fête.
Rien que la nuit et nous ! Félicité[4] parfaite !
Dis, ne le crois-tu pas ? Sur nous, tout en dormant,
La nature à demi veille amoureusement.
La lune est seule aux cieux, qui comme nous repose,
Et respire avec nous l'air embaumé de rose !
Regarde : plus de feux, plus de bruit. Tout se tait.
La lune tout à l'heure à l'horizon montait,
Tandis que tu parlais, sa lumière qui tremble

1. ***Mis*** : habillé.
2. ***Sied*** : voir note 2, p. 110.
3. **Allusion** à la Toison d'or (voir note 4, p. 81).
4. ***Félicité*** : joie, extase.

Et ta voix, toutes deux m'allaient au cœur ensemble ;
Je me sentais joyeuse et calme, ô mon amant[1] !
Et j'aurais bien voulu mourir en ce moment.

HERNANI

Ah ! qui n'oublîrait tout à cette voix céleste ?
Ta parole est un chant où rien d'humain ne reste.
Et comme un voyageur sur un fleuve emporté,
Qui glisse sur les eaux par un beau soir d'été,
Et voit fuir sous ses yeux mille plaines fleuries,
Ma pensée entraînée erre en tes rêveries !

DOÑA SOL

Ce silence est trop noir. Ce calme est trop profond.
Dis, ne voudrais-tu point voir une étoile au fond ?
Ou qu'une voix des nuits, tendre et délicieuse,
S'élevant tout à coup, chantât ?...

HERNANI, *souriant.*

Capricieuse !
Tout à l'heure on fuyait la lumière et les chants !

DOÑA SOL

Le bal ! – Mais un oiseau qui chanterait aux champs !
Un rossignol, perdu dans l'ombre et dans la mousse,
Ou quelque flûte au loin !... – Car la musique est douce,
Fait l'âme harmonieuse, et, comme un divin chœur,
Éveille mille voix qui chantent dans le cœur !
– Ah ! ce serait charmant !

On entend le bruit lointain d'un cor[2] dans l'ombre.

---

1. ***Amant*** : voir note 3, p. 60.
2. ***Cor*** : voir note 2, p. 33.

– Dieu ! je suis exaucée !

HERNANI, *tressaillant, à part.*

Ah ! malheureuse !

DOÑA SOL

Un ange a compris ma pensée, –
Ton bon ange sans doute ?

HERNANI, *amèrement.*

Oui, mon bon ange !

À part.

Encor[1] !…

DOÑA SOL, *souriant.*

Don Juan, je reconnais le son de votre cor !

HERNANI

N'est-ce pas ?

DOÑA SOL

Seriez-vous dans cette sérénade
De moitié ?

HERNANI

De moitié, tu l'as dit.

DOÑA SOL

Bal maussade[2] !

---

1. ***Encor*** : voir note 5, p. 69.
2. ***Maussade*** : triste, morne.

Ah ! que j'aime bien mieux le cor au fond des bois[1] !...
Et puis, c'est votre cor, c'est comme votre voix.

Le cor recommence.

HERNANI, *à part.*

Ah ! le tigre est en bas qui hurle et veut sa proie !

DOÑA SOL

Don Juan, cette harmonie emplit le cœur de joie !...

HERNANI, *se levant terrible.*

Nommez-moi Hernani ! nommez-moi Hernani !
Avec ce nom fatal[2] je n'en ai pas fini !

DOÑA SOL, *tremblante.*

Qu'avez-vous ?

HERNANI

Le vieillard !

DOÑA SOL

Dieu ! quels regards funèbres !
Qu'avez-vous ?

HERNANI

Le vieillard qui rit dans les ténèbres !
– Ne le voyez-vous pas ?

DOÑA SOL

Où vous égarez-vous ?

---

1. Allusion au poème de Vigny, « Le Cor », paru en 1826 dans les *Poèmes antiques et modernes*, et qui commence par ce vers : « J'aime le son du Cor, le soir, au fond des bois ».
2. ***Fatal*** : voir note 2, p. 75.

Qu'est-ce que ce vieillard ?

HERNANI

Le vieillard !

DOÑA SOL.

À genoux,
Je t'en supplie, oh ! dis ! quel secret te déchire ?
Qu'as-tu ?

HERNANI.

Je l'ai juré !

DOÑA SOL

Juré !

Elle suit tous ses mouvements avec anxiété. Il s'arrête tout à coup et passe la main sur son front.

HERNANI, *à part.*

Qu'allais-je dire ?
Épargnons-la.

Haut.

Moi, rien. De quoi t'ai-je parlé ?

DOÑA SOL

Vous avez dit…

HERNANI

Non, non… j'avais l'esprit troublé…
Je souffre un peu, vois-tu. N'en prends pas d'épouvante.

DOÑA SOL

Te faut-il quelque chose ? ordonne à ta servante !

Le cor recommence.

HERNANI, *à part.*

Il le veut ! il le veut ! il a mon serment !

Cherchant son poignard.

– Rien.

Ce devrait être fait ! – Ah !…

DOÑA SOL

Tu souffres donc bien ?

HERNANI

Une blessure ancienne, et qui semblait fermée,
Se rouvre…

À part.

Éloignons-la.

Haut.

Doña Sol, bien-aimée,
Écoute, ce coffret qu'en des jours moins heureux
Je portais avec moi…

DOÑA SOL

Je sais ce que tu veux.
Eh bien, qu'en veux-tu faire ?

HERNANI

Un flacon qu'il renferme
Contient un élixir [1] qui pourra mettre un terme
Au mal que je ressens… Va !

DOÑA SOL

J'y vais, monseigneur.

---

1. ***Un élixir*** : une potion (en l'occurence, un poison).

Elle sort par la porte de la chambre nuptiale.

Scène 4

HERNANI, *seul.*

Voilà donc ce qu'il vient faire de mon bonheur !
Voici le doigt fatal qui luit sur la muraille [1] !
Oh ! que la destinée amèrement me raille [2] !

Il tombe dans une profonde et convulsive [3] rêverie, puis se détourne brusquement.

Hé bien ?... – Mais tout se tait. Je n'entends rien venir.
Si je m'étais trompé !...

Le masque en domino [4] noir paraît au haut de la rampe. – Hernani s'arrête pétrifié.

Scène 5

HERNANI, LE MASQUE

LE MASQUE

– « Quoi qu'il puisse advenir,
« Quand tu voudras, vieillard, quel que soit le lieu, l'heure,
« S'il te passe à l'esprit qu'il est temps que je meure,
« Viens, sonne de ce cor, et ne prends d'autres soins.
« Tout sera fait. » – Ce pacte eut les morts pour témoins [5].
Hé bien, tout est-il fait ?

---

1. Allusion à la Bible (Daniel, V) : voir note 1, p. 201.
2. ***Me raille*** : voir note 1, p. 74.
3. ***Convulsive*** : agitée.
4. ***Domino*** : voir note 4, p. 211.
5. Voir la fin de l'acte III, p. 167, v. 1288-1291.

HERNANI, *à voix basse.*
C'est lui !

LE MASQUE
Dans ta demeure
Je viens, et je te dis qu'il est temps. C'est mon heure.
Je te trouve en retard.

HERNANI
Bien. Quel est ton plaisir[1] ?
Que feras-tu de moi ? Parle.

LE MASQUE
Tu peux choisir
Du fer ou du poison. Ce qu'il faut, je l'apporte.
Nous partirons tous deux.

HERNANI
Soit.

LE MASQUE
Prions-nous ?

HERNANI
Qu'importe !

LE MASQUE
Que prends-tu ?

HERNANI
Le poison.

---

1. ***Ton plaisir*** : ta volonté, ton désir.

LE MASQUE

Bien ! Donne-moi ta main [1].

Il présente une fiole [2] à Hernani, qui la reçoit en pâlissant.

Bois, pour que je finisse.

Hernani approche la fiole de ses lèvres, puis recule.

HERNANI

Oh ! par pitié ! demain ! –
Oh ! s'il te reste un cœur, duc, ou du moins une âme ;
Si tu n'es pas un spectre échappé de la flamme ;
Un mort damné, fantôme ou démon désormais ;
Si Dieu n'a point encor [3] mis sur ton front : « Jamais ! »
Si tu sais ce que c'est que ce bonheur suprême
D'aimer, d'avoir vingt ans, d'épouser quand on aime ;
Si jamais femme aimée a tremblé dans tes bras,
Attends jusqu'à demain. – Demain tu reviendras !

LE MASQUE

Simple qui parle ainsi ! demain ! demain ! – tu railles [4] !
Ta cloche a ce matin sonné tes funérailles !
Et que ferais-je, moi, cette nuit ? J'en mourrais.
Et qui viendrait te prendre et t'emporter après ?
Seul descendre au tombeau ! Jeune homme, il faut me suivre !

HERNANI

Eh bien, non ! et de toi, démon, je me délivre !

---

1. Allusion à la fin du *Dom Juan* de Molière où la statue du Commandeur dit à don Juan : « Donnez-moi la main ».
2. ***Fiole*** : petite bouteille.
3. ***Encor*** : voir note 5, p. 69.
4. ***Tu railles*** : voir note 1, p. 74.

Je n'obéirai pas.

LE MASQUE

Je m'en doutais. – Fort bien.
Sur quoi donc m'as-tu fait ce serment ? Ah ! sur rien.
Peu de chose après tout ! La tête de ton père.
Cela peut s'oublier. La jeunesse est légère [1].

HERNANI

Mon père ! – Mon père !... – Ah ! j'en perdrai la raison !...

LE MASQUE

Non, ce n'est qu'un parjure [2] et qu'une trahison.

HERNANI

Duc !...

LE MASQUE

Puisque les aînés des maisons espagnoles
Se font jeu maintenant de fausser leurs paroles,

Il fait un pas pour sortir.

Adieu !

HERNANI

Ne t'en va pas.

LE MASQUE

Alors...

HERNANI

Vieillard cruel !

---

1. ***Légère*** : changeante, frivole.
2. ***Un parjure*** : la rupture d'un serment.

Il prend la fiole.

Revenir sur mes pas à la porte du ciel !...

Rentre doña Sol, sans voir le masque qui est debout près de la rampe au fond du théâtre.

Scène 6

LES MÊMES, DOÑA SOL

DOÑA SOL

Je n'ai pu le trouver, ce coffret.

HERNANI, *à part.*

Dieu ! c'est elle !

Dans quel moment !

DOÑA SOL

Qu'a-t-il ? je l'effraie, il chancelle [1]
À ma voix ! – Que tiens-tu dans ta main ? quel soupçon !
Que tiens-tu dans ta main ? réponds.

Le domino [2] se démasque. Elle pousse un cri, et reconnaît don Ruy.

– C'est du poison !

HERNANI

Grand Dieu !

DOÑA SOL, *à Hernani.*

Que t'ai-je fait ? quel horrible mystère !...

---

1. ***Chancelle*** : titube.
2. ***Domino*** : voir note 4, p. 211.

Vous me trompiez, don Juan !…

HERNANI

Ah ! j'ai dû te le taire.
J'ai promis de mourir au duc qui me sauva.
Aragon doit payer cette dette à Silva.

DOÑA SOL

Vous n'êtes pas à lui, mais à moi. Que m'importe
Tous vos autres serments !

À don Ruy Gomez.

Duc, l'amour me rend forte.
Contre vous, contre tous, duc, je le défendrai.

DON RUY GOMEZ, *immobile.*

Défends-le, si tu peux, contre un serment juré.

DOÑA SOL

Quel serment ?

HERNANI

J'ai juré.

DOÑA SOL

Non, non ; rien ne te lie [1] ;
Cela ne se peut pas ! crime, attentat, folie !

DON RUY GOMEZ

Allons, duc !

Hernani fait un geste pour obéir. Doña Sol cherche à l'arrêter.

---

1. ***Rien ne te lie*** : rien ne t'oblige.

HERNANI

Laissez-moi, doña Sol, il le faut.
Le duc a ma parole, et mon père est là-haut !

DOÑA SOL, *à don Ruy.*

Il vaudrait mieux pour vous aller aux tigres même
Arracher leurs petits, qu'à moi celui que j'aime.
Savez-vous ce que c'est que doña Sol ? Longtemps,
Par pitié pour votre âge et pour vos soixante ans,
J'ai fait la fille douce, innocente et timide ;
Mais voyez-vous cet œil de pleurs de rage humide [1] ?

Elle tire un poignard de son sein [2].

Voyez-vous ce poignard ? Ah ! vieillard insensé,
Craignez-vous pas [3] le fer quand l'œil a menacé ?
Prenez garde, don Ruy ! – je suis de la famille,
Mon oncle ! – écoutez-moi, fussé-je votre fille,
Malheur si vous portez la main sur mon époux !...

Elle jette le poignard et tombe à genoux devant le duc.

Ah ! je tombe à vos pieds ! Ayez pitié de nous !
Grâce ! hélas ! monseigneur, je ne suis qu'une femme,
Je suis faible, ma force avorte [4] dans mon âme,
Je me brise aisément, je tombe à vos genoux !
Ah ! je vous en supplie, ayez pitié de nous !

DON RUY GOMEZ

Doña Sol !

---

1. ***Cet œil de pleurs de rage humide*** : cet œil humide de pleurs de rage.
2. ***De son sein*** : des replis de sa robe.
3. ***Craignez-vous pas*** : ne craignez-vous pas.
4. ***Avorte*** : manque.

DOÑA SOL

Pardonnez !… Nous autres Espagnoles,
Notre douleur s'emporte à de vives paroles,
Vous le savez. Hélas ! vous n'étiez pas méchant !
Pitié ! Vous me tuez, mon oncle, en le touchant !
Pitié ! je l'aime tant !…

DON RUY GOMEZ, *sombre.*

Vous l'aimez trop !

HERNANI

Tu pleures !

DOÑA SOL

Non, non, je ne veux pas, mon amour, que tu meures !
Non, je ne le veux pas.

À don Ruy.

Faites grâce aujourd'hui ;
Je vous aimerai bien aussi, vous.

DON RUY GOMEZ

Après lui !
De ces restes d'amour, d'amitié, – moins encore, –
Croyez-vous apaiser la soif qui me dévore ?

Montrant Hernani.

Il est seul ! il est tout ! mais moi, belle pitié !
Qu'est-ce que je peux faire avec votre amitié ?
Ô rage ! il aurait, lui, le cœur, l'amour, le trône,
Et d'un regard de vous il me ferait l'aumône !
Et s'il fallait un mot à mes vœux insensés
C'est lui qui vous dirait : – Dis cela, c'est assez ! –
En maudissant tout bas le mendiant avide

Auquel il faut jeter le fond du verre vide !
Honte ! dérision ! Non, il faut en finir.
Bois !

HERNANI

Il a ma parole, et je dois la tenir.

DON RUY GOMEZ

Allons !

Hernani approche la fiole de ses lèvres. Doña Sol se jette sur son bras.

DOÑA SOL

Oh ! pas encor ! Daignez tous deux m'entendre.

DON RUY GOMEZ

Le sépulcre [1] est ouvert, et je ne puis attendre.

DOÑA SOL

Un instant, monseigneur ! mon don Juan ! – Ah ! tous deux
Vous êtes bien cruels ! – Qu'est-ce que je veux d'eux ?
Un instant ! voilà tout… tout ce que je réclame !
Enfin, on laisse dire à cette pauvre femme
Ce qu'elle a dans le cœur !… – Oh ! laissez-moi parler !…

DON RUY GOMEZ, *à Hernani.*

J'ai hâte.

DOÑA SOL

Messeigneurs ! vous me faites trembler !
Que vous ai-je donc fait ?

---

1. ***Sépulcre*** : voir note 2, p. 125.

HERNANI

Ah ! son cri me déchire.

DOÑA SOL, *lui retenant toujours le bras.*

Vous voyez bien que j'ai mille choses à dire !

DON RUY GOMEZ, *à Hernani.*

Il faut mourir.

DOÑA SOL, *toujours pendue au bras d'Hernani.*

Don Juan, lorsque j'aurai parlé,
Tout ce que tu voudras, tu le feras.

Elle lui arrache la fiole.

Je l'ai.

Elle élève la fiole aux yeux d'Hernani et du vieillard étonné.

DON RUY GOMEZ

Puisque je n'ai céans [1] affaire qu'à deux femmes,
Don Juan, il faut qu'ailleurs j'aille chercher des âmes.
Tu fais de beaux serments par le sang dont tu sors [2],
Et je vais à ton père en parler chez les morts !
– Adieu !...

Il fait quelques pas pour sortir. Hernani le retient.

HERNANI

Duc, arrêtez.

À doña Sol.

Hélas ! je t'en conjure,

---

1. ***Céans*** : voir note 1, p. 62.
2. ***Tu sors*** : tu es né.

Veux-tu me voir faussaire, et félon[1], et parjure[2] ?
Veux-tu que partout j'aille avec la trahison
Écrite sur le front ? Par pitié, ce poison,
Rends-le-moi ! Par l'amour, par notre âme immortelle…

DOÑA SOL, *sombre.*

Tu veux ?

Elle boit.

Tiens maintenant.

DON RUY GOMEZ, *à part.*

Ah ! c'était donc pour elle !

DOÑA SOL, *rendant à Hernani la fiole à demi vidée.*

Prends, te dis-je.

HERNANI, *à don Ruy.*

Vois-tu, misérable vieillard ?

DOÑA SOL

Ne te plains pas de moi, je t'ai gardé ta part.

HERNANI, *prenant la fiole.*

Dieu !

DOÑA SOL

Tu ne m'aurais pas ainsi laissé la mienne,
Toi !… Tu n'as pas le cœur d'une épouse chrétienne,
Tu ne sais pas aimer comme aime une Silva.
Mais j'ai bu la première et suis tranquille. – Va !

---

1. *Félon* : voir note 6, p. 79.
2. *Parjure* : voir note 2, p. 234.

Bois si tu veux !

HERNANI

Hélas ! qu'as-tu fait, malheureuse ?

DOÑA SOL

C'est toi qui l'as voulu.

HERNANI

C'est une mort affreuse !

DOÑA SOL

Non. – Pourquoi donc ?

HERNANI

Ce philtre au sépulcre conduit [1].

DOÑA SOL

Devions-nous pas [2] dormir ensemble cette nuit ?
Qu'importe dans quel lit !

HERNANI

Mon père, tu te venges
Sur moi qui t'oubliais !

Il porte la fiole à sa bouche.

DOÑA SOL, *se jetant sur lui.*

Ciel ! des douleurs étranges !...
Ah ! jette loin de toi ce philtre !... ma raison
S'égare. – Arrête ! hélas ! mon don Juan ! ce poison
Est vivant, ce poison dans le cœur fait éclore

1. ***Ce philtre au sépulcre conduit*** : ce poison mène au tombeau.
2. ***Devions-nous pas*** : ne devions-nous pas.

Une hydre[1] à mille dents qui ronge et qui dévore !
Oh ! je ne savais pas qu'on souffrît à ce point !
Qu'est-ce donc que cela ? c'est du feu ! ne bois point !
Oh ! tu souffrirais trop !

HERNANI, *à don Ruy.*

Ah ! ton âme est cruelle !
Pouvais-tu pas[2] choisir d'autre poison pour elle ?

Il boit et jette la fiole.

DOÑA SOL

Que fais-tu ?

HERNANI

Qu'as-tu fait ?

DOÑA SOL

Viens, ô mon jeune amant[3],
Dans mes bras.

Ils s'asseoient l'un près de l'autre.

N'est-ce pas qu'on souffre horriblement ?

HERNANI

Non.

DOÑA SOL

Voilà notre nuit de noces commencée !
Je suis bien pâle, dis, pour une fiancée ?

---

1. ***Une hydre*** : un dragon, un monstre.
2. ***Pouvais-tu pas*** : ne pouvais-tu pas.
3. ***Amant*** : voir note 3, p. 60.

HERNANI

Ah !

DON RUY GOMEZ

La fatalité [1] s'accomplit.

HERNANI

Désespoir !
Ô tourment ! doña Sol souffrir, et moi le voir !

DOÑA SOL

Calme-toi. Je suis mieux. – Vers des clartés nouvelles
Nous allons tout à l'heure ensemble ouvrir nos ailes.
Partons d'un vol égal vers un monde meilleur.
Un baiser seulement, un baiser [2] !

Ils s'embrassent.

DON RUY GOMEZ

Ô douleur !

HERNANI, *d'une voix affaiblie.*

Oh ! béni soit le ciel qui m'a fait une vie
D'abîmes entourée et de spectres suivie,
Mais qui permet que, las d'un si rude chemin,
Je puisse m'endormir, ma bouche sur ta main !

DON RUY GOMEZ

Qu'ils sont heureux !

---

1. ***La fatalité*** : voir note 4, p. 33.

2. Allusion au *Roméo et Juliette* de Shakespeare, où Roméo dit, après s'être empoisonné : « Ainsi je meurs, sur un baiser » (« *Thus with a kiss I die* »). Devant la contestation, Hugo supprima ce passage quelques jours après la première.

HERNANI, *d'une voix de plus en plus faible.*

Viens… viens… doña Sol, tout est sombre…
Souffres-tu ?

DOÑA SOL, *d'une voix également éteinte.*

Rien, plus rien.

HERNANI

Vois-tu des feux dans l'ombre ?

DOÑA SOL

Pas encor.

HERNANI, *avec un soupir.*

Voici…

Il tombe.

DON RUY GOMEZ, *soulevant sa tête qui retombe.*

Mort !

DOÑA SOL,
échevelée et se dressant à demi sur son séant.

Mort ! non pas !… nous dormons.
Il dort ! c'est mon époux, vois-tu, nous nous aimons,
Nous sommes couchés là. C'est notre nuit de noce.

D'une voix qui s'éteint.

Ne le réveillez pas, seigneur duc de Mendoce…
Il est las.

Elle retourne la figure d'Hernani.

Mon amour, tiens-toi vers moi tourné.
Plus près… plus près encor…

Elle retombe.

DON RUY GOMEZ

Morte !... Oh ! je suis damné !...

Il se tue.

■ Mise en scène de Nicolas Lormeau au théâtre du Vieux-Colombier de la Comédie-Françai[s] (2013), avec Félicien Juttner (Hernani), Jennifer Decker (Doña Sol) et Bruno Raffaelli (Do[n] Ruy Gomez).

PETIT GLOSSAIRE DU THÉÂTRE

Aparté : réplique prononcée par un personnage sur scène, à l'insu des autres personnages, et que le public est seul censé entendre.

Comédie : genre théâtral qui développe, notamment à l'époque classique, une intrigue dont il s'agit de débrouiller les fils et qui se termine par un heureux dénouement. Elle a en général pour objectif d'être comique et s'oppose en cela à la tragédie. Avec Molière, la comédie est aussi sérieuse et doit corriger les mœurs par le rire (« *castigat ridendo mores* »)

Didascalies : indications données dans le texte et qui ne sont pas prononcées par l'acteur. Elles sont relatives à l'organisation de la pièce (numéro de l'acte, de la scène, noms des personnages) ou à sa mise en scène (temps et lieu, paroles et gestes des acteurs, décors, costumes...).

Double énonciation : principe selon lequel un comédien, lorsqu'il parle, s'adresse en même temps aux personnages de la pièce et aux spectateurs.

Drame bourgeois : genre théâtral né au XVIIIe siècle, il reprend des caractéristiques de la comédie et de la tragédie. Il tient son nom des personnages qu'il met en scène mais également du public de l'époque, en grande partie bourgeois. Les décors familiers et les situations réalistes développées permettent au spectateur de s'identifier à l'intrigue.

Enjambement : procédé selon lequel le rythme de la phrase ne suit pas celui du vers ; une phrase est commencée dans un vers et se poursuit dans le (ou les) vers suivant(s).

Grotesque : caractère de ce qui est ridicule et prête à rire. Ce terme a été utilisé par Hugo comme catégorie littéraire définie par le goût du bouffon et du bizarre. Il s'oppose au sublime, qui désigne ce qu'il y a de plus élevé dans l'ordre moral, esthétique et intellectuel.

Hémistiche : la moitié d'un vers de plus de huit syllabes.

Licence poétique : permission que s'accorde le poète de changer la prononciation et l'orthographe pour respecter la versification. Celle-ci peut concerner l'emploi de la diérèse (c'est-à-dire le fait de prononcer deux voyelles contiguës en deux syllabes distinctes) et de la synérèse (c'est-à-dire le fait de prononcer deux voyelles contiguës en une seule syllabe), ainsi que l'orthographe d'un mot (*encor* au lieu de *encore*).

Mélodrame : genre dramatique qui apparaît à la fin du XVIIIe siècle. Il se caractérise par un accompagnement musical, une accumulation de péripéties ainsi que par l'expression exagérée des sentiments.

Monologue : réplique prononcée par un personnage qui est (ou se croit) seul en scène.

Règle de bienséance : règle du théâtre classique selon laquelle, la violence et l'intimité physique sont exclues de la scène ; on meurt donc en coulisses. De même, le vocabulaire est élevé et noble et ne supporte aucune trivialité.

Règle des trois unités : règle classique qui se fonde sur la vraisemblance ; elles sont au nombre de trois : unité de lieu (toute l'action se passe dans un même lieu, comme un palais), unité de temps (l'action doit être contenue dans une journée) et d'action (les actions secondaires doivent toutes être rattachées à l'action principale).

Réplique : désigne toute prise de parole par un personnage sur scène.

Stichomythie : succession de répliques rapides, ne dépassant pas la longueur d'un vers.

Tirade : réplique longue et ininterrompue d'un personnage, qui prend la forme d'un discours.

Tragédie : genre théâtral né à Athènes au Ve siècle avant J.-C. Les personnages sont souvent aux prises avec des conflits intérieurs et l'action est destinée à provoquer la pitié et la terreur. La peinture des passions humaines est l'une des caractéristiques principales de la tragédie dont le dénouement s'achève souvent sur la mort d'un personnage.

DOSSIER

Avez-vous bien lu ?

Acte I (p. 59-93)

1. Que vient faire don Carlos chez doña Sol ? (scène 1)

2. Qu'apprend-on sur Hernani et doña Sol ? (scène 2)

3. Quelle révélation permet à don Carlos d'arrêter don Ruy Gomez ? (scène 3)

4. Quelle vengeance Hernani prépare-t-il ? (scène 4)

Acte II (p. 95-120)

1. Quelles sont les intentions de don Carlos ? (scène 1)

2. Comment doña Sol se défend-elle contre don Carlos ? (scène 2)

3. Pourquoi Hernani ne tue-t-il pas don Carlos ? (scène 3)

4. Pourquoi Hernani renonce-t-il à enlever doña Sol ? (scène 4)

Acte III (p. 121-167)

1. Sous quel déguisement Hernani se présente-t-il ? (scène 2)

2. Pourquoi Hernani révèle-t-il son identité ? (scène 3)

3. Pourquoi don Ruy Gomez refuse-t-il de livrer Hernani ? (scène 6)

4. Quel pacte Hernani et don Ruy Gomez nouent-ils ? (scène 7)

Acte IV (p. 169-209)

1. Quelle menace pèse sur don Carlos ? (scène 1)

2. À qui don Carlos s'adresse-t-il pour se donner du courage ? (scène 2)

3. Quel conjuré est désigné pour tuer don Carlos ? (scène 3)

4. Quelle décision surprenante don Carlos prend-il ? (scène 4)

Acte V (p. 211-246)

1. Quelle célébration se prépare ? (scène 1)

2. Quel événement interrompt l'allégresse des deux amants ? (scène 3)

3. Qui se cache sous le domino[1] ? (scène 5)

4. Quelle décision doña Sol prend-elle ? (scène 6)

Microlectures

MICROLECTURE N° 1 : acte I, scène 1

Relisez la scène 1 de l'acte I (p. 59-64), puis répondez aux questions suivantes.

Problématique : En quoi cette scène d'exposition est-elle en rupture avec l'esthétique classique ?

Une scène d'exposition efficace

1. Quel est l'ancrage spatiotemporel de l'action dramatique ?

2. Comment les personnages et les relations qui les unissent sont-ils présentés ?

Une rupture avec l'esthétique classique

1. En quoi ce début *in medias res* transpose-t-il des personnages en apparence tragiques dans une situation comique ?

1. ***Domino*** : voir note 4, p. 211.

2. Montrer le mélange des tons et des registres à l'œuvre dans cette scène en citant le texte.

Un rapport nouveau à la scène

1. Pourquoi les didascalies sont-elles importantes ?

2. Montrez que la composition minutieuse de l'espace et de la gestuelle assure un caractère visuel et spectaculaire au drame hugolien.

MICROLECTURE N° 2 : acte III, scène 1

Relisez la scène 1 de l'acte III (p. 121-127), puis répondez aux questions suivantes.

Problématique : Dans quelle mesure don Ruy Gomez apparaît-il comme un Arnolphe [1] tragique et pathétique ?

Le vieillard amoureux

1. En quoi la déclaration d'amour de don Ruy Gomez est-elle lyrique ?

2. Comment sa déploration de la vieillesse est-elle construite ?

3. Montrez que ce passage propose un idéal amoureux.

Un personnage entre sublime et grotesque

1. En quoi don Ruy Gomez est-il un personnage ridicule ?

2. Pourquoi cette séduction est-elle vouée à l'échec ?

3. En quoi peut-on dire qu'il s'agit d'un amour tragique ?

---

1. ***Arnolphe*** : personnage de *L'École des femmes*, de Molière. Il incarne la figure de l'amoureux transi et jaloux, hanté par la crainte d'être trompé.

MICROLECTURE N° 3 : acte III, scène 4

Relisez la scène 4 de l'acte III (p. 136-143), puis répondez aux questions suivantes.

Problématique : Quels éléments font d'Hernani un héros romantique ?

Un héros tourmenté

1. Montrez qu'Hernani est présenté comme un être solitaire et marginal.

2. Pourquoi le personnage d'Hernani est-il associé au malheur ? Relevez des éléments dans le texte pour justifier votre réponse.

Un héros funeste[1]

1. À quoi voit-on que la vie du personnage est vouée à l'échec ?

2. Dans quelle mesure peut-on dire qu'Hernani est un personnage tragique ?

Un héros fait d'ombre et de lumière

1. En quoi le héros est-il un personnage en crise, tiraillé entre l'amour et la vengeance ?

2. Montrez qu'il s'agit d'une scène tragique, suscitant aussi bien l'admiration que la terreur et la pitié.

MICROLECTURE N° 4 : acte IV, scène 2

Relisez la scène 2 de l'acte IV (p. 180-188), puis répondez aux questions suivantes.

Problématique : En quoi ce monologue signale-t-il la transformation du personnage de don Carlos ?

1. *Funeste* : voir note 1, p. 33.

Un monologue exalté

1. Comment s'exprime l'exaltation de don Carlos en apprenant qu'il devient empereur ?

2. Montrez que ce personnage manifeste également de l'inquiétude.

3. Sur quoi repose l'intensité dramatique de cette adresse à l'empereur ?

Une méditation sur le pouvoir : l'ombre de Charlemagne

1. Comment le peuple est-il évoqué ici ?

2. En quoi ce passage présente-t-il une réflexion sur le pouvoir et ses implications ?

3. Pour quelles raisons peut-on dire que cet extrait constitue un faux dénouement ?

MICROLECTURE N° 5 : acte V, scène 6

Relisez la scène 6 de l'acte V (p. 235-246), puis répondez aux questions suivantes.

Problématique : Comment la mort est-elle paradoxalement associée au triomphe de l'amour dans cette scène ?

Dire et montrer la mort

1. Comment la mort est-elle montrée ?

2. Comment la mort est-elle verbalisée ?

3. Montrez que l'auteur cherche à faire de cette scène un moment de grande intensité dramatique.

Dépasser la mort : le triomphe de l'amour

1. En quoi don Ruy Gomez échoue-t-il ?

2. Comment la mort est-elle euphémisée ici ?

3. Montrez que la pièce s'achève sur une apothéose lyrique.

Quel scandale!

(les innovations du drame romantique)

Hugo annota de sa main le manuscrit d'*Hernani* au cours des premières représentations. Il consigna notamment les moqueries, les chahuts et les sifflets suscités par certains de ses vers. Certains furent d'ailleurs modifiés pendant les répétitions à cause de la censure, d'autres furent changés ultérieurement, en tenant compte des réactions du public. Cet examen montre que, contrairement à la légende rapportée par Théophile Gautier sur la « bataille d'*Hernani* », ce ne sont pas les questions de versification qui ont valu à Victor Hugo le plus de reproches.
Dans un certain nombre d'écrits, Théophile Gautier raconte ainsi que la contestation commença à partir de cet enjambement jugé audacieux : « l'escalier/ Dérobé [1] ». Néanmoins, Hugo n'a consigné aucune observation allant dans ce sens au sein de son exemplaire annoté, et le témoignage d'Adèle Hugo semble corroborer cette absence d'esclandre. Le public était déjà habitué à des tournures plus libres. En réalité, les vers qui ont déclenché les réponses les plus fortes sont ceux qui touchaient à des sujets sensibles à l'époque, tels que la personne du roi, ou qui contrevenaient à la règle de bienséance, tels que la mention d'éléments du quotidien, les métaphores et comparaisons jugées trop concrètes ainsi que l'expression directe des sentiments amoureux.

Des vers malmenés

Pour chacune des répliques suivantes, expliquez ce qui a pu choquer les contemporains de Hugo.

---

1. Voir v. 1-2.

- « Tous ces jeunes oiseaux,/ À l'aile vive et peinte, au langoureux ramage,/ Ont un amour qui mue ainsi que leur plumage. » (v. 752-754, p. 124)
- « Roi don Carlos, vous êtes/ Un mauvais roi ! » (v. 1206-1207, p. 158)
- « Vous devez avoir froid ? » (v. 42, p. 65)
- « J'en suis amoureux fou ! Les yeux noirs les plus beaux » (v. 431, p. 97)
- « Crois-tu donc que les rois à moi me sont sacrés ? » (v. 591, p. 111)
- Tu le veux, me voici. Viens, oh ! viens dans mes bras ! » (v. 679, p. 117)
- « C'est donc là mon salaire, mon hôte ? » (v. 1033, p. 144)
- « Oh ! laisse-moi dormir et rêver sur ton sein,/ Doña Sol ! mon amour ! ma beauté !... » (v. 691-692, p. 118)
- « Seigneur, je vous le dis, vous êtes insensé ! » (v. 576, p. 110)
- « La vengeance est boiteuse, elle vient à pas lents,/ Mais elle vient. » (v. 616-617, p. 113)

L'abandon des règles du théâtre classique

1. « J'ai disloqué ce grand niais d'alexandrin », déclare Victor Hugo dans le poème « Quelques mots à un autre », paru dans *Les Contemplations*. Dans quelle mesure cette formule s'applique-t-elle à *Hernani* ?

2. Le théâtre classique imposait le respect de l'unité de lieu : l'action se déroulait dans un endroit unique. Le drame romantique rompt avec cette règle ; combien de lieux différents avez-vous relevés et lesquels ?

3. L'unité de temps, autre règle des classiques, imposait que l'action se déroulât en vingt-quatre heures tout au plus. Est-ce le cas pour *Hernani* ? Justifiez votre réponse.

4. Certaines scènes de la pièce mêlent les registres comique et tragique ; donnez deux exemples de scènes de cette nature.

« Le goût en France attend son 14 juillet[1] »

(la réception d'*Hernani*)

À l'époque de sa première représentation, *Hernani* a défrayé la chronique : si l'« armée romantique » s'est ralliée massivement derrière l'étendard de Victor Hugo, nombreux sont ceux qui ont jugé scandaleuses et inacceptables les innovations du drame. Le mot de « bataille » n'est guère excessif pour décrire l'intensité d'un débat qui divisa les foules.
À vous de faire le récit de cette réception houleuse afin de rendre compte de cette révolution !

Pour cela, vous procéderez à une recherche méthodique sur Internet pour dépeindre l'accueil réservé à l'œuvre hugolienne. Il vous faudra restituer les différentes critiques (positives, mitigées ou négatives) que la pièce a suscitées. Votre recherche vous permettra de trouver les documents contemporains de la première de la pièce, c'est-à-dire de rassembler les matériaux nécessaires à l'élaboration de votre texte narratif. Ne négligez pas les documents iconographiques (croquis, caricatures...), reproduits au fil de l'édition, qui peuvent être tout aussi riches que les documents textuels. Vous pourrez notamment consulter les sites Wikisource.org, Gallica.bnf.fr et Retronews.fr.
Votre narration sera organisée en quatre temps :

Les témoignages de la « bataille »

Pour reconstituer l'atmosphère exceptionnelle du 25 février 1830, vous vous appuierez sur des témoignages de première main :

1. Formule de Ludovic Vitet (1802-1873), critique au *Globe*.

– Théophile Gautier, *Histoire du romantisme*, X, « La Légende du gilet rouge », 1874

– Théophile Gautier, *Émaux et Camées*, « Le Château du souvenir », 1852

– Alexandre Dumas, *Mes Mémoires*, CXXXVII, 1851-1853

– *La Bataille d'Hernani*, téléfilm de Jean-Daniel Verhaeghe, 2002

La réception critique de la pièce

Une fois la « bataille » racontée, il vous faudra ensuite décrire la réception critique de la pièce et de ses représentations à la Comédie-Française. Pour ce faire, vous fonderez votre récit sur les critiques suivantes, en ayant soin de distinguer les comptes rendus élogieux de ceux plus réservés :

– *Journal des débats politiques et littéraires*, 27 février 1830

– *Le Figaro*, 27 février 1830

– *Le Constitutionnel*, 28 février 1830

– *Le Drapeau blanc*, 26 février 1830

– *Le Constitutionnel*, 12 mars 1830

– *Le Globe*, 29 mars 1830

– Honoré de Balzac, *Le Feuilleton des journaux politiques*, 7 avril 1830

Les détournements parodiques

Le drame a également fait l'objet d'un certain nombre de récritures parodiques. La pièce, en de nombreux endroits, a déclenché l'hilarité du public, ce que les parodistes ont eu soin d'exploiter dans leurs textes. Votre récit, dans un troisième temps, évoquera ces parodies, à l'aide des documents suivants :

– Auguste Théodore de Lauzanne de Vauxroussel, *Harnali, ou la Contrainte par cor, parodie en 5 tableaux, et en vers*, 1830

– Pierre Frédéric Adolphe Carmouche, *N, i, ni, ou le Danger des Castilles, amphigouri-romantique, en 5 actes*, 1830

– Pierre Frédéric Adolphe Carmouche, *Oh ! qu'nenni, ou le Mirliton fatal : parodie d'Hernani en 5 tableaux*, 1830

La postérité de la « bataille »

Enfin, dans un dernier temps, votre narration envisagera la postérité de la « bataille d'*Hernani* » et son importance dans l'histoire littéraire française, dont vous pourrez mesurer l'ampleur en examinant les textes suivants :

– *La Presse*, 29 janvier 1838

– *La Presse*, 11 mars 1838

– François Coppée, *La Bataille d'Hernani : poésie dite par Mlle Sarah Bernhardt à la Comédie-Française, le 25 février 1880*, 1880

Votre propos sera de clarifier, au cours de votre récit, les diverses prises de position autour d'*Hernani*, et de souligner l'intensité de cette bataille littéraire. La forme de votre récit, comme sa longueur, sont libres. Celui-ci doit néanmoins respecter les quatre étapes indiquées ci-dessus et s'appuyer sur les documents référencés.

Votre narration est indissociable d'une phase préalable de recherche : il ne s'agit pas de recopier le premier site venu, mais bien de s'initier à une recherche consciencieuse. Il vous sera donc nécessaire de :

– consulter plusieurs sources Internet ;

– recouper les informations ;

– faire une synthèse des informations pertinentes retenues. Toutes les ressources Internet consultées et utilisées dans le cadre de cette synthèse doivent être dûment référencées à la fin de votre document.

Le héros romantique (groupement de textes n° 1)

Au XIXe siècle, le héros romantique conquiert les scènes des théâtres parisiens, où il fait résonner sa fureur de vivre et la fougue de son désespoir. Être d'ombre et de lumière, personnage complexe et fascinant, il s'offre à une variété de traitements, ce que reflètent les trois extraits suivants. Si *Antony*, le drame d'Alexandre Dumas (1802-1870), donne à entendre l'exaltation du héros romantique en proie au désespoir amoureux, Alfred de Musset fait de Lorenzaccio, personnage éponyme de sa pièce, un être empreint de cynisme et marqué par la désillusion. Enfin, la pièce d'Alfred de Vigny (1797-1863) intitulée *Chatterton* (1835) expose les tourments d'un jeune poète seul et incompris, mais résolu à n'accepter aucun compromis avec la société des hommes.

Un héros inquiétant : Alexandre Dumas, *Antony* (1831)

Ce drame en cinq actes met en scène deux anciens amants, Antony et Adèle, que le sort réunit après une séparation de trois ans. Mais voilà que la jeune femme est mariée et mère de famille... Dans l'extrait qui suit, Antony, pour la première fois seul sur scène, est persuadé d'avoir été trompé par Adèle. Les invocations funestes[1] de sa tirade entrelacent les thèmes de l'amour et de la mort (Éros et Thanatos) et sèment le doute quant aux intentions du jeune homme.

Acte III, scène 3

ANTONY, *seul*. – Ah ! me voilà seul enfin… Examinons… Ces deux chambres communiquent entre elles… oui, mais de chaque côté

1. ***Funestes*** : voir note 1, p. 33.

la porte se ferme en dehors… enfer !… Ce cabinet… aucune issue ; si je démontais ces verrous… on pourrait le voir… Cette croisée [1]… ah ! le balcon sert pour les deux fenêtres… une véritable terrasse. – *(Il rit.)* Ah !… c'est bien… je suis écrasé. – *(Il s'assied.)* Oh ! comme elle m'a trompé !… je ne la croyais pas si fausse… Pauvre sot, qui te fiais à son sourire, à sa voix émue, et qui un instant, comme un insensé, t'étais repris au bonheur, et qui avais pris un éclair pour le jour !… Pauvre sot, qui ne sais pas lire dans un sourire, qui ne sais rien deviner dans une voix, et qui, la tenant dans tes bras, ne l'as pas étouffée, afin qu'elle ne fût pas à un autre… – *(Il se lève.)* Et si elle allait arriver avant que Louis, qu'elle connaît, ne fût parti avec les chevaux… malheur !… Non, l'on n'aperçoit pas encore la voiture. – *(Il s'assied.)* Elle vient, s'applaudissant de m'avoir trompé, et, dans les bras de son mari, elle lui racontera tout… elle lui dira que j'étais à ses pieds… oubliant mon nom d'homme, et rampant ; elle lui dira qu'elle m'a repoussé, puis, entre deux baisers, ils riront de l'insensé Antony, d'Antony le bâtard !… Eux rire… mille démons ! – *(Il frappe la table de son poignard, et le fer y disparaît presque entièrement… riant…)* Elle est bonne la lame de ce poignard ! – *(Se levant et courant à la fenêtre.)* Louis part enfin… Qu'elle arrive maintenant… Rassemblez donc toutes les facultés de votre être pour aimer ; créez-vous un espoir de bonheur, qui dévore à jamais tous les autres… puis venez, l'âme torturée et les yeux en pleurs, vous agenouiller devant une femme, voilà tout ce que vous en obtiendrez… dérision et mépris… Oh ! si j'allais devenir fou avant qu'elle arrivât !… mes pensées se heurtent, ma tête brûle… où y a-t-il du marbre pour poser mon front… Et, quand je pense qu'il ne faudrait pour sortir de l'enfer de cette vie que la résolution d'un moment, qu'à l'agitation de la frénésie peut succéder en une seconde le repos du néant, que rien ne peut, même la puissance de Dieu, empêcher que cela soit, si je le veux… Pourquoi donc ne le voudrais-je pas ?… est-ce un mot qui

1. ***Croisée*** : voir note 1, p. 96.

m'arrête ?... suicide !... Certes, quand Dieu a fait des hommes une loterie au profit de la mort, et qu'il n'a donné à chacun d'eux que la force de supporter une certaine quantité de douleurs, il a dû penser que cet homme succomberait sous le fardeau, alors que le fardeau dépasserait ses forces... Et d'où vient que les malheureux ne pourraient pas rendre malheur pour malheur ?... cela ne serait pas juste, et Dieu est juste !... Que cela soit donc, qu'elle souffre et pleure comme j'ai pleuré et souffert !... Elle, pleurer !... elle, souffrir, ô mon Dieu !... elle, ma vie, mon âme... c'est affreux... Oh ! si elle pleure, que ce soit ma mort du moins... Antony pleuré par Adèle... Oui, mais aux larmes succéderont la tristesse, la mélancolie, l'indifférence... son cœur se serrera encore de temps en temps lorsque par hasard on prononcera mon nom devant elle... puis on ne le prononcera plus... l'oubli viendra... l'oubli, ce second linceul[1] des morts !... Enfin, elle sera heureuse... mais pas seule... un autre partagera son bonheur... cet autre, dans deux heures elle sera près de lui... pour la vie entière... et moi, pour la vie entière, je serai loin... Ah ! qu'il ne la revoie jamais !... N'ai-je pas entendu ?... oui, oui... le roulement d'une voiture... La nuit vient... c'est heureux qu'il fasse nuit !... Cette voiture... c'est la sienne... oh ! cette fois encore je me jetterai au-devant de toi, Adèle... mais ce ne sera pas pour te sauver... Cinq jours sans me voir, et elle me quitte le jour où elle me voit... [...] Elle approche... viens, viens, Adèle... car on t'aime... et on t'attend ici... la voilà... De cette fenêtre je pourrais la voir... mais sais-je en la voyant ce que je ferais... Oh ! mon cœur, mon cœur... Elle descend... c'est sa voix, sa voix si douce qui disait hier : À demain, demain, mon ami... Demain est arrivé, et je suis au rendez-vous... On monte... c'est l'hôtesse... *(Il s'assied avec une tranquillité apparente sur un meuble près de la porte.)*

Alexandre Dumas, *Antony*,
Gallimard, coll. « Folio théâtre », 2002.

1. ***Linceul*** : voir note 3, p. 85.

1. Quel portrait du héros romantique ce monologue dresse-t-il ?

2. Dans quelle mesure le monologue constitue-t-il une forme de parole théâtrale particulièrement adaptée au héros romantique ?

Un héros désabusé : Alfred de Musset, *Lorenzaccio* (1834)

Dans ce drame, l'un des plus réussis de la génération romantique, Lorenzo de Médicis fait tout pour se rapprocher de son cousin Alexandre, tyran qui règne sur Florence et ennemi de la République : il feint d'être son intime, de le seconder dans chacun de ses actes, pour pouvoir l'assassiner le moment venu. Seule une personne connaît le secret de Lorenzo : un vieillard vertueux, du nom de Philippe Strozzi. Dans cet extrait, Lorenzo, désabusé, fait état de son mépris devant l'inertie du peuple et l'ampleur de la lâcheté humaine. Pourquoi tuer un despote, si le peuple ne saisit pas l'occasion pour se libérer ?

Acte III, scène 3

LORENZO. – Je me suis réveillé de mes rêves, rien de plus ; je te dis le danger d'en faire. Je connais la vie, et c'est une vilaine cuisine, sois-en persuadé, ne mets pas la main là-dedans, si tu respectes quelque chose.

PHILIPPE. – Arrête ! ne brise pas comme un roseau mon bâton de vieillesse. Je crois à tout ce que tu appelles des rêves ; je crois à la vertu, à la pudeur et à la liberté.

LORENZO. – Et me voilà dans la rue, moi, Lorenzaccio ? Et les enfants ne me jettent pas de la boue ! Les lits des filles sont encore chauds de ma sueur, et les pères ne prennent pas, quand je passe, leurs couteaux et leurs balais pour m'assommer ? Au fond de ces dix mille maisons que voilà, la septième génération parlera encore de la nuit où j'y suis entré, et pas une ne vomit à ma vue un valet de charrue [1] qui me fende en deux comme une bûche pourrie ? L'air que vous respirez, Philippe, je le respire ; mon manteau de soie bariolé traîne paresseusement sur le sable fin des promenades [2] ; pas une goutte de poison ne tombe dans mon chocolat – que dis-je ? ô Philippe ! les mères pauvres soulèvent honteusement le voile de leurs filles quand je m'arrête au seuil de leurs portes ; elles me laissent voir leur beauté avec un sourire plus vil que le baiser de Judas [3] – tandis que moi, pinçant le menton de la petite, je serre les poings de rage en remuant dans ma poche quatre ou cinq méchantes [4] pièces d'or.

PHILIPPE. – Que le tentateur ne méprise pas le faible ; pourquoi tenter lorsque l'on doute ?

LORENZO. – Suis-je un Satan ? Lumière du Ciel ! je m'en souviens encore, j'aurais pleuré avec la première fille que j'ai séduite si elle ne s'était mise à rire. Quand j'ai commencé à jouer mon rôle de Brutus [5] moderne, je marchais dans mes habits neufs de la grande confrérie du vice comme un enfant de dix ans dans l'armure d'un géant de la fable. Je croyais que la corruption était un stigmate [6], et que les monstres seuls le portaient au front. J'avais commencé à dire tout haut que mes vingt années de vertu étaient un masque étouffant – ô Philippe ! j'entrai alors dans la vie, et je vis qu'à mon approche tout le monde en faisait autant que moi ; tous les masques tombaient devant mon regard ; l'humanité souleva sa robe, et me montra, comme à un adepte digne d'elle, sa monstrueuse nudité. J'ai vu les hommes tels qu'ils sont, et je me suis dit : Pour qui est-ce donc que je travaille ? Lorsque je parcourais les rues de Florence, avec mon fantôme à

---

1. ***Valet de charrue*** : domestique de ferme chargé de travaux dans les champs.
2. ***Promenades*** : ici, lieux aménagés dans la ville pour se promener.
3. ***Judas*** : voir note 2, p. 145.
4. ***Méchantes*** : ici, sans valeur, de mauvaise qualité.
5. ***Brutus*** : assassin de Jules César (Ier siècle av. J.-C.).
6. ***Stigmate*** : marque d'une blessure.

mes côtés, je regardais autour de moi, je cherchais les visages qui me donnaient du cœur, et je me demandais : Quand j'aurai fait mon coup, celui-là en profitera-t-il ? – J'ai vu les républicains dans leurs cabinets, je suis entré dans les boutiques, j'ai écouté et j'ai guetté. J'ai recueilli les discours des gens du peuple, j'ai vu l'effet que produisait sur eux la tyrannie ; j'ai bu, dans les banquets patriotiques, le vin qui engendre la métaphore et la prosopopée[1], j'ai avalé entre deux baisers les larmes les plus vertueuses ; j'attendais toujours que l'humanité me laissât voir sur sa face quelque chose d'honnête. J'observais… comme un amant observe sa fiancée, en attendant le jour des noces !…

PHILIPPE. – Si tu n'as vu que le mal, je te plains, mais je ne puis te croire. Le mal existe, mais non pas sans le bien, comme l'ombre existe, mais non sans la lumière.

LORENZO. – Tu ne veux voir en moi qu'un mépriseur d'hommes : c'est me faire injure. Je sais parfaitement qu'il y en a de bons, mais à quoi servent-ils ? Que font-ils ? Comment agissent-ils ? Qu'importe que la conscience soit vivante, si le bras est mort ? Il y a de certains côtés par où tout devient bon : un chien est un ami fidèle ; on peut trouver en lui le meilleur des serviteurs, comme on peut voir aussi qu'il se roule sur les cadavres, et que la langue avec laquelle il lèche son maître sent la charogne[2] d'une lieue[3]. Tout ce que j'ai à voir, moi, c'est que je suis perdu, et que les hommes n'en profiteront pas plus qu'ils ne me comprendront.

Alfred de Musset, *Lorenzaccio*, GF-Flammarion, 2012, p. 140-142.

1. En quoi Lorenzo illustre-t-il l'ambiguïté du héros romantique ?

2. Quelle vision de la société cet extrait propose-t-il ?

---

1. ***Prosopopée*** : figure de style consistant à faire parler ou agir un être inanimé, un animal, un absent ou un mort.

2. ***Charogne*** : chair morte en état de décomposition.

3. ***Lieue*** : ancienne mesure de distance (environ 4 kilomètres).

Un héros tourmenté : Alfred de Vigny, *Chatterton* (1835)

Dans ce monologue extrait de *Chatterton*, Alfred de Vigny présente, à travers la représentation des tourments du jeune poète anglais Thomas Chatterton, « l'homme spiritualiste étouffé par une société matérialiste[1] ». Amoureux de Kitty Bell, le personnage cherche à s'intégrer dans une société qu'il exècre, dominée par les faux-semblants et le règne de l'argent.

Acte III, scène 1

La chambre de Chatterton, sombre, petite, pauvre, sans feu, un lit misérable et en désordre.

CHATTERTON. – *(Il est assis sur le pied de son lit et écrit sur ses genoux.)* Il est certain qu'elle ne m'aime pas. – Et moi... je n'y veux plus penser. – Mes mains sont glacées, ma tête est brûlante. – Me voilà seul en face de mon travail. – Il ne s'agit plus de sourire et d'être bon ! de saluer et de serrer la main ! toute cette comédie est jouée : j'en commence une autre avec moi-même. – Il faut, à cette heure, que ma volonté soit assez puissante pour saisir mon âme, et l'emporter tour à tour dans le cadavre ressuscité des personnages que j'évoque, et dans le fantôme de ceux que j'invente ! Ou bien il faut que, devant Chatterton malade, devant Chatterton qui a froid, qui a faim, ma volonté fasse poser avec prétention un autre Chatterton, gracieusement paré pour l'amusement du public, et que celui-là soit décrit par l'autre ; le troubadour par le mendiant. Voilà les deux poésies possibles, ça ne va pas plus loin que cela ! Les divertir ou leur faire pitié ; faire jouer de misérables poupées, ou l'être soi-même et faire trafic[2] de cette singerie[3] ! Ouvrir son cœur

---

1. Alfred de Vigny, *Chatterton*, « Préface », GF-Flammarion, 1968, p. 34.
2. ***Faire trafic*** : tirer profit.
3. ***Singerie*** : spectacle ridicule.

pour le mettre en étalage sur un comptoir ! S'il a des blessures, tant mieux ! il a plus de prix ; tant soit peu mutilé, on l'achète plus cher ! *(Il se lève.)* Lève-toi, créature de Dieu, faite à son image, et admire-toi encore dans cette condition ! *(Il rit et se rassied.) (Une vieille horloge sonne une demi-heure, deux coups.)*

– Non, non !

L'heure t'avertit ; assieds-toi, et travaille, malheureux ! Tu perds ton temps en réfléchissant ; tu n'as qu'une réflexion à faire, c'est que tu es un pauvre. – Entends-tu bien ? un pauvre ! Chaque minute de recueillement est un vol que tu te fais ; c'est une minute stérile. – Il s'agit bien de l'idée, grand Dieu ! ce qui rapporte, c'est le mot. Il y a tel mot qui peut aller jusqu'à un schelling [1] ; la pensée n'a pas cours sur la place.

Alfred de Vigny, *Chatterton*, GF-Flammarion, 1968, p. 79-80.

1. Quelle représentation de l'artiste romantique est donnée dans ce passage ?

2. En quoi la société constitue-t-elle un obstacle dans la quête du héros romantique ?

Décors et dissimulations

(groupement de textes n° 2)

Le décor a une grande importance dans *Hernani* : vecteur de la « couleur locale [2] », il est aussi un ressort dramaturgique qui permet dissimulations, quiproquos et coups de théâtre. C'est ainsi que dès

1. ***Schelling*** : ancienne unité monétaire.
2. Voir Présentation, p. 24.

l'acte I, le spectateur voit, non sans surprise, le roi entrer dans une armoire pour épier la conversation entre Hernani et doña Sol. Avant Hugo, de nombreux autres dramaturges ont eu recours au motif de la cachette, qui utilise décor et accessoires pour abriter un personnage, le plus souvent à des fins comiques.

Le quiproquo : Marivaux, *L'École des mères* (1732)

Dans cette comédie en un acte et en prose, le jeune Éraste est amoureux de la belle Angélique, mais celle-ci est promise à Damis, qui n'est autre que le père du jeune homme. Avec l'aide des valets de la demeure, Éraste parvient à s'introduire dans la maison de son père, sous le pseudonyme de La Ramée. De la sorte, il parvient à obtenir un rendez-vous secret avec Angélique. Inquiet et méfiant à l'égard de ce nouveau venu, Damis se rend masqué au lieu de l'entrevue et reste tapi dans l'ombre tandis qu'Éraste attend Angélique.

Scène 16

ÉRASTE ; MONSIEUR DAMIS, *caché.*

ÉRASTE. – Je ne saurais douter qu'Angélique ne m'aime ; mais sa timidité m'inquiète, et je crains de ne pouvoir l'enhardir [1] à dédire sa mère [2].

MONSIEUR DAMIS, *à part.* – Est-ce que je me trompe ? C'est la voix de mon fils, écoutons.

ÉRASTE. – Tâchons de ne pas faire de bruit.

Il marche en tâtonnant.

MONSIEUR DAMIS. – Je crois qu'il vient à moi ; changeons de place.

---

1. ***Enhardir*** : voir note 1, p. 116.
2. ***Dédire sa mère*** : contrarier le projet de sa mère, qui a promis Angélique à Damis.

ÉRASTE. – J'entends remuer du taffetas [1] ; est-ce vous, Angélique ? Est-ce vous ?

En disant cela, il attrape Monsieur Damis par le domino [2].

MONSIEUR DAMIS, *retenu.* – Doucement…

ÉRASTE. – Ah ! c'est vous-même !

MONSIEUR DAMIS, *à part.* – C'est mon fils.

ÉRASTE. – Eh bien, Angélique, me condamnerez-vous à mourir de douleur ? Vous m'avez dit tantôt que vous m'aimiez ; vos beaux yeux me l'ont confirmé par les regards les plus aimables et les plus tendres ; mais de quoi me servira d'être aimé, si je vous perds ? Au nom de notre amour, Angélique, puisque vous m'avez permis de me flatter du vôtre, gardez-vous à ma tendresse, je vous en conjure par ces charmes que le ciel semble n'avoir destinés que pour moi ; par cette main adorable sur qui je vous jure un amour éternel. *(Monsieur Damis veut retirer sa main.)* Ne la retirez pas, Angélique, et dédommagez Éraste du plaisir qu'il n'a point de voir vos beaux yeux, par l'assurance de n'être jamais qu'à lui ; parlez, Angélique.

MONSIEUR DAMIS, *à part, les premiers mots.* – J'entends du bruit. Taisez-vous, petit sot. *Et il se dégage d'Éraste.*

ÉRASTE. – Juste ciel ! Qu'entends-je ? Vous me fuyez ! […]

Marivaux, *L'École des mères*, GF-Flammarion, 2015, p. 155-156.

1. Quel est l'intérêt dramatique du subterfuge de Monsieur Damis ?

2. En quoi la dissimulation est-elle ici comique ?

---

1. ***Taffetas*** : étoffe de soie.

2. ***Domino*** : voir note 4, p. 211.

Décor et péripéties : Beaumarchais, *Le Mariage de Figaro* (1782)

Dans cette célèbre pièce de Beaumarchais (1732-1799), un valet (Figaro) s'oppose à son maître (le comte Almaviva) qui convoite sa fiancée (Suzanne). Dans la scène précédant l'extrait reproduit (I, 7), Chérubin, un jeune page [1] au service du comte, s'entretient avec Suzanne : leur conversation donne lieu à une mise en scène ludique, au gré de laquelle Chérubin fait tourner en rond Suzanne après lui avoir volé un ruban. Mais cette folle gaieté s'interrompt brutalement lorsqu'il entend le comte arriver : apeuré, Chérubin plonge derrière un fauteuil pour se cacher. Le comte, se pensant seul avec Suzanne, en profite pour la séduire. Le décor occupe ici une place de choix : permettant un savant jeu de mise en scène, il est central dans l'enchaînement des péripéties [2].

Acte I, scène 8

SUZANNE, LE COMTE, CHÉRUBIN, *caché derrière le fauteuil.*

SUZANNE *aperçoit le Comte.* – Ah !...

(Elle s'approche du fauteuil pour masquer Chérubin.)

LE COMTE *s'avance.* – Tu es émue, Suzon ! tu parlais seule, et ton petit cœur paraît dans une agitation... bien pardonnable, au reste, un jour comme celui-ci.

SUZANNE, *troublée.* – Monseigneur, que me voulez-vous ? Si l'on vous trouvait avec moi...

LE COMTE. – Je serais désolé qu'on m'y surprît ; mais tu sais tout l'intérêt que je prends à toi. Bazile ne t'a pas laissé ignorer mon amour. Je n'ai rien qu'un instant pour t'expliquer mes vues ; écoute.

(Il s'assied dans le fauteuil.)

---

1. ***Page*** : voir note 3, p. 58.
2. L'importance du décor dans la pièce de Beaumarchais a notamment été commentée par Jacques Scherer dans sa *Dramaturgie de Beaumarchais* (Nizet, 2000).

SUZANNE, *vivement.* – Je n'écoute rien.

LE COMTE *lui prend la main.* – Un seul mot. Tu sais que le roi m'a nommé son ambassadeur à Londres. J'emmène avec moi Figaro : je lui donne un excellent poste ; et comme le devoir d'une femme est de suivre son mari…

SUZANNE. – Ah ! si j'osais parler !

LE COMTE *la rapproche de lui.* – Parle, parle, ma chère ; use aujourd'hui d'un droit que tu prends sur moi pour la vie.

SUZANNE, *effrayée.* – Je n'en veux point, Monseigneur, je n'en veux point. Quittez-moi, je vous prie.

LE COMTE. – Mais dis auparavant.

SUZANNE, *en colère.* – Je ne sais plus ce que je disais.

LE COMTE. – Sur le devoir des femmes.

SUZANNE. – Eh bien ! lorsque Monseigneur enleva la sienne de chez le docteur, et qu'il l'épousa par amour [1] , lorsqu'il abolit pour elle un certain affreux droit du seigneur [2]…

LE COMTE, *gaiement.* – Qui faisait bien de la peine aux filles ! Ah Suzette ! ce droit charmant ! Si tu venais en jaser [3] sur la brune [4] au jardin, je mettrais un tel prix à cette légère faveur…

BAZILE *parle en dehors.* – Il n'est pas chez lui, Monseigneur.

LE COMTE *se lève.* – Quelle est cette voix ?

SUZANNE. – Que je suis malheureuse !

LE COMTE. – Sors, pour qu'on n'entre pas.

SUZANNE, *troublée.* – Que je vous laisse ici ?

BAZILE *crie en dehors.* – Monseigneur était chez Madame, il en est sorti ; je vais voir.

---

1. Référence à la pièce précédente, *Le Barbier de Séville* (1775), premier volet de la trilogie de Beaumarchais au sein de laquelle *Le Mariage de Figaro* occupe la deuxième place : le Comte multiplie les subterfuges et les ruses pour dérober au vieux Bartholo, qui la tient captive, la jeune et belle Marceline.

2. ***Un certain affreux droit du seigneur*** : le droit de cuissage permettait au seigneur d'avoir des relations sexuelles avec la femme d'un vassal lors de la première nuit de ses noces.

3. ***Jaser*** : parler.

4. ***Sur la brune*** : au crépuscule.

LE COMTE. – Et pas un lieu pour se cacher ! Ah ! derrière ce fauteuil… assez mal ; mais renvoie-le bien vite. *(Suzanne lui barre le chemin, il la pousse doucement, elle recule, et se met ainsi entre lui et le petit page ; mais pendant que le Comte s'abaisse et prend sa place, Chérubin tourne et se jette effrayé sur le fauteuil à genoux, et s'y blottit. Suzanne prend la robe qu'elle apportait, et couvre le page, et se met devant le fauteuil.)*

Beaumarchais, *Le Mariage de Figaro*, Flammarion, coll. « Étonnants Classiques », 2017, p. 104-106.

1. En quoi les jeux de scène autour du fauteuil permettent-ils de dynamiser la scène ?

2. Quel effet le personnage caché produit-il sur les autres personnages et sur les spectateurs ?

Représenter l'Histoire au théâtre

(groupement de textes n° 3)

L'Histoire occupe une place majeure dans le drame romantique, qui a cherché, bien plus que tous les autres genres théâtraux, à la mettre en scène[1]. Visant à ressusciter « le passé […] au profit du présent[2] », la représentation d'événements historiques au théâtre permet aux spectateurs de mieux comprendre le monde qui est le

1. Voir Présentation, p. 24.

2. Victor Hugo, *Marie Tudor*, « Préface » (1833), GF-Flammarion, 1979, p. 156.

leur. C'est ainsi que la pièce *Charles IX* de Chénier s'intéresse à la Saint-Barthélemy au moment de la Révolution de 1789, que *La Vie de Galilée* de Brecht met en scène un combat entre la raison et l'obscurantisme alors que le nazisme menace l'Europe, ou encore que *Les Justes* de Camus, rédigé après la Seconde Guerre mondiale, relate un attentat en Russie au début du XXe siècle.

La Saint-Barthélemy[1] : Marie-Joseph Chénier, *Charles IX* (1788-1789)

Marie-Joseph Chénier (1764-1811) a renouvelé en profondeur la tragédie historique en lui conférant une dimension politique : dans sa pièce *Charles IX*, il porte sur scène un roi de France coupable et faible ; c'est donc sans surprise qu'elle connut un immense succès pendant la période révolutionnaire. La scène suivante se déroule le soir du massacre de la Saint-Barthélemy (24 août 1572) : le cynique cardinal de Lorraine s'oppose au vertueux chancelier de l'Hôpital, qui, en dénonçant le despotisme des rois, en vient à prophétiser la Révolution.

Acte III, scène 1

LE CARDINAL

[...] Un roi peut ce qu'il veut.

LE CHANCELIER

Quelle horrible maxime[2] !

Ainsi les souverains sont traînés dans l'abîme
Si le roi vous croyait... Juste ciel ! j'en frémis.
Quoi ! de leur liberté lâchement ennemis,
Je verrai les Français, martyrs du fanatisme,
Sur leur trône, à l'envi[3], placer le despotisme.

1. Voir « Un livre, un film », p. 282.
2. *Maxime* : formule qui résume un principe moral, une règle de conduite.
3. *À l'envi* : à volonté, sans limitation.

Non, non, des souverains connaissez mieux les droits ;
Nous sommes leurs sujets, ils sont sujets des lois.
Il est, il est, monsieur, de ces princes sinistres,
Destructeurs d'un pouvoir dont ils sont les ministres ;
Mais lorsque, tout à coup dissipant leurs flatteurs,
Faisant évanouir les songes corrupteurs,
Le jour est arrivé, le jour de la vengeance
Qui sous la main de Dieu va mettre leur puissance,
Un éternel affront les attend au cercueil ;
L'horrible solitude accompagne le deuil ;
Et souvent en secret, sous de lugubres marques,
Les peuples ont béni le trépas [1] des monarques.
Ne cachez point au roi que, parmi ses aïeux,
Il est des noms sacrés et des noms odieux.
Louis neuf à jamais laisse un modèle auguste [2] ;
Il fut brave et pieux, et surtout il fut juste :
Son sceptre ne fut pas trop faible ou trop pesant ;
Et s'il eut des erreurs, quel homme en est exempt ?
Si l'excès d'un vain zèle a séduit son courage,
À ce grand roi, du moins, rendons un digne hommage ;
Ses fautes sont du temps, ses vertus sont de lui :
La voix du monde entier le révère aujourd'hui.
Le fils de Charles sept [3] n'aima que les supplices ;
Il redoutait son peuple, et jusqu'à ses complices
Fils et sujet rebelle, et roi dénaturé,
De gardes, de flatteurs, de bourreaux entouré,
Sa sombre tyrannie entassait les victimes,
Et des prisons d'État il peuplait les abîmes ;
Il fut craint ; mais l'histoire a dans tout l'avenir
De haine et de mépris chargé son souvenir.

---

1. ***Le trépas*** : la mort.
2. ***Louis neuf [...] modèle auguste*** : Louis IX (1214-1270), dit Saint Louis, chercha sa vie durant à mettre en place un pouvoir juste.
3. ***Le fils de Charles sept*** : Louis XI (1423-1483), surnommé « l'universelle aragne » et particulièrement connu pour sa cruauté.

Quel exemple aux mortels qui portent la couronne !
Laissons faire le temps ; à la grandeur du trône
On verra succéder la grandeur de l'État :
Le peuple tout à coup reprenant son éclat,
Et des longs préjugés terrassant l'imposture,
Réclamera les droits fondés par la nature ;
Son bonheur renaîtra du sein de ses malheurs ;
Ces murs baignés sans cesse et de sang et de pleurs,
Ces tombeaux des vivants, ces bastilles affreuses
S'écrouleront alors sous des mains généreuses :
Au prince, aux citoyens imposant leur devoir,
Et fixant à jamais les bornes du pouvoir,
On verra nos neveux, plus fiers que leurs ancêtres,
Reconnaissant des chefs, mais n'ayant point de maîtres,
Heureux sous un monarque ami de l'équité [1],
Restaurateur des lois et de la liberté.

LE CARDINAL

Oui, ce discours, sans doute, est un élan sublime ;
On reconnaît toujours l'esprit qui vous anime,
Cet orgueil de sagesse, et ce langage outré
D'un fougueux magistrat par le zèle égaré,
Qui résistant au fils, et jugeant les ancêtres,
Ose usurper le droit de condamner ses maîtres.
Finissons. […]

Marie-Joseph Chénier, *Charles IX*, Hachette Livre – BNF, 2013.

1. Quelle idée est développée par le chancelier ?

2. En quoi son propos dépasse-t-il le cadre historique (la Saint-Barthélemy) dans lequel il s'inscrit ? Comment a-t-il pu être interprété au moment où la pièce a été jouée ?

---

1. ***L'équité*** : ce qui est fait de manière juste et équitable.

Le procès de Galilée : Bertolt Brecht, *La Vie de Galilée* (1938-1939)

Restituant la vie de Galilée, la pièce de Bertolt Brecht (1898-1956) porte sur scène le combat de ce scientifique pour faire avancer la vérité en dépit de l'ignorance et des préjugés de son époque, au moment où le nazisme étend sa domination sur l'Europe. Dans l'extrait ci-dessous, Galilée vient de prouver, à partir de ses observations, la théorie de Copernic : malgré les avertissements qui lui sont adressés, le savant témoigne d'une foi irrépressible en la raison humaine.

Tableau III
Le ciel n'existe pas, découvre Galilée,
En l'an seize cent dix, le dixième janvier.

Le cabinet de Galilée à Padoue [1]*. La nuit. Galilée et Sagredo* [2] *emmitouflés de manteaux épais, auprès de la lunette* [3].

[...]

GALILÉE. – La preuve est faite. La seule possibilité, c'est que la quatrième soit passée de l'autre côté de Jupiter, où elle n'est pas visible. Et voilà : tu as un astre autour duquel un autre tourne.

SAGREDO. – Et l'enveloppe de cristal où est encastré Jupiter ?

GALILÉE. – Eh oui, où est-elle à présent ? Dans quoi Jupiter serait-il encastré, si d'autres étoiles en font le tour ? Pas de point d'appui dans le ciel, pas d'amarre dans l'univers ! Nous avons un nouveau soleil.

SAGREDO. – Calme-toi ! Tu raisonnes trop vite.

GALILÉE. – Comment, trop vite ? Bon sang, échauffe-toi ! Ce que tu vois là, personne encore ne l'a vu. Ils avaient raison.

SAGREDO. – Qui ? Les partisans de Copernic ?

---

1. ***Padoue*** : ville du nord de l'Italie.
2. ***Sagredo*** : ami de Galilée.
3. ***Lunette*** : instrument destiné à l'observation des astres.

GALILÉE. – Et aussi l'autre. Le monde entier était contre eux, et c'est eux qui avaient raison. Ça, c'est quelque chose pour Andréa. *(En pleine exaltation il court à la porte et crie à la cantonade.)* Madame Sarti ! Madame Sarti !

SAGREDO. – Galilée, calme-toi.

GALILÉE. – Sagredo, échauffe-toi. Madame Sarti !

SAGREDO, *détournant la lunette.* – Vas-tu cesser de brailler à tous les vents comme un insensé ?

GALILÉE. – Vas-tu cesser de rester là comme une bûche, au moment où la vérité vient d'être découverte ?

SAGREDO. – Je ne reste pas là comme une bûche ; je tremble plutôt à l'idée que ça pourrait être la vérité.

GALILÉE. – Quoi ?

SAGREDO. – As-tu perdu tout bon sens ? Es-tu devenu incapable de comprendre dans quelle affaire tu t'engages si ce que tu vois est vrai, et si tu vas crier sur toutes les places publiques que la terre est un corps céleste, et non pas le centre de l'univers ?

GALILÉE. – Oui, et que ce n'est pas tout cet univers immense, avec tous ses corps célestes, qui tourne autour de notre terre minuscule, comme chacun avait lieu de le croire !

SAGREDO. – Et donc, qu'il n'y a que des corps célestes ! – Mais alors, où est Dieu ?

GALILÉE. – Que veux-tu dire ?

SAGREDO. – Et Dieu ? Où est Dieu ?

GALILÉE, *en fureur.* – Pas là-haut, en tout cas ! Nous ne le trouverons pas plus là-haut que des gens de là-haut ne le trouveraient ici.

SAGREDO. – Et dans ce cas, où est Dieu ?

GALILÉE. – Est-ce que je suis théologien ? Je suis mathématicien.

SAGREDO. – Tout d'abord, tu es un homme. Et je te demande : où est Dieu dans ton système ?

GALILÉE. – En nous, ou bien nulle part.

SAGREDO, *criant.* – Comme disait celui qu'on a brûlé [1] ?

---

1. Il s'agit de Giordano Bruno (1548-1600). Il fut accusé d'hérésie par l'Inquisition, puis brûlé vif.

GALILÉE. – Comme disait celui qu'on a brûlé.

SAGREDO. – C'est pour cela qu'on l'a brûlé. Il n'y a pas encore tout à fait dix ans !

GALILÉE. – Parce qu'il n'avait pas la preuve. Il affirmait seulement.

SAGREDO. – Galilée, je t'ai toujours connu malin. Pendant dix-sept ans à Padoue et pendant trois ans à Pise tu as sans rechigner enseigné à des centaines d'élèves le système de Ptolémée [1], proclamé par l'Église et confirmé par l'Écriture, qui est le fondement de l'Église. Tu le tenais pour faux, d'accord avec Copernic [2], mais tu l'enseignais tout de même.

GALILÉE. – Parce que je n'avais pas de preuves.

SAGREDO, *incrédule.* – Et tu crois que cela fait une différence ?

GALILÉE. – Une différence du tout au tout ! Tu vois, Sagredo, moi j'ai confiance en l'homme, et cela veut dire que j'ai confiance en sa raison. Sans cette confiance, je n'aurais pas la force de me lever le matin de mon lit.

SAGREDO. – Eh bien moi, je vais te le dire : je n'ai pas confiance. Quarante années passées parmi les hommes m'ont fait toujours constater qu'ils ne sont pas accessibles à la raison. Montre-leur la queue rouge d'une comète, donne-leur une sourde angoisse : ils sauteront par la fenêtre et se fracasseront les jambes. Mais dis-leur quelque chose de raisonnable, fournis-leur trente-six preuves, et ils te riront au nez.

GALILÉE. – C'est une erreur complète, et une calomnie. Je ne comprends pas comment, croyant une chose pareille, tu peux aimer la science. Il n'y a que les morts que les arguments ne fassent pas bouger.

---

1. ***Ptolémée*** (v. 90-v. 168) : géographe, astronome et astrologue grec. Il aborda notamment la structure de l'univers dans l'*Almageste*, au sein duquel figure son fameux « système », essentiellement géocentrique (la Terre est immobile et au centre de l'univers).

2. ***Copernic*** (1473-1543) : scientifique polonais particulièrement célèbre pour son ouvrage *Des révolutions des sphères célestes* (1543), dans lequel il défend la théorie de l'héliocentrisme, selon laquelle la Terre tourne autour du Soleil.

SAGREDO. – Leur pitoyable rouerie [1], comment peux-tu la confondre avec la raison ?

GALILÉE. – Je ne parle pas de leur rouerie. Je sais bien : l'âne, ils le baptisent cheval quand il s'agit de le vendre, et baptisent âne le cheval quand il s'agit de l'acheter. Ce n'est que cela, leur rouerie. Mais la vieille qui, de sa main rude, le soir avant un voyage, donne au mulet une botte de foin en plus ; le marin qui, lorsqu'il achète les vivres de bord, prévoit la tempête et le calme plat ; l'enfant qui enfonce son bonnet quand on lui a montré qu'il peut pleuvoir, ces gens-là sont mon espérance, ces gens-là entendent raison. Oui, j'ai confiance en la douce contrainte de la raison sur les hommes. À la longue, ils ne peuvent rien contre elle. Pas un homme, à la longue, ne peut supporter sans rien dire *(il lâche un caillou qui tombe à terre)* que je laisse tomber un caillou, et que je dise en même temps : « Il ne tombe pas. » Pas un homme ne le pourrait. La séduction est trop grande, qui émane d'une preuve. Presque tous y succombent, à la longue, tous. Penser fait partie des plus grands plaisirs de la race humaine.

Bertolt Brecht, *La Vie de Galilée*, trad. Eloi Recoing

1. Qu'est-ce qui oppose Galilée et Sagredo ?

2. Dans quelle mesure cet extrait propose-t-il une vision en définitive optimiste de l'histoire ?

Un attentat en Russie : Albert Camus, *Les Justes* (1949)

Fondée sur des faits historiques qu'elle restitue avec précision, la pièce *Les Justes* de Camus (1913-1960) met en scène un groupe de

1. ***Rouerie*** : ruse sans scrupule.

socialistes révolutionnaires qui, à Moscou, projettent un attentat contre le grand-duc Serge, oncle du tsar. Yanek Kaliayev, qui devait lancer la bombe, recule au dernier moment en constatant que le grand-duc est accompagné de deux enfants. Bien que cette fable dramatique soit située en 1905, elle propose une réflexion politique atemporelle sur l'action politique.

Acte II

KALIAYEV. – Je ne pouvais pas prévoir… Des enfants, des enfants surtout. As-tu regardé des enfants ? Ce regard qu'ils ont parfois… Je n'ai jamais pu soutenir ce regard… Une seconde auparavant, pourtant, dans l'ombre, au coin de la petite place, j'étais heureux. Quand les lanternes de la calèche ont commencé à briller au loin, mon cœur s'est mis à battre de joie, je te le jure. Il battait de plus en plus fort à mesure que le roulement de la calèche grandissait. Il faisait tant de bruit en moi. J'avais envie de bondir. Je crois que je riais. Et je disais « oui, oui »… Tu comprends ? *(Il quitte Stepan du regard et reprend son attitude affaissée.)* J'ai couru vers elle. C'est à ce moment que je les ai vus. Ils ne riaient pas, eux. Ils se tenaient tout droits et regardaient dans le vide. Comme ils avaient l'air triste ! Perdus dans leurs habits de parade, les mains sur les cuisses, le buste raide de chaque côté de la portière ! Je n'ai pas vu la grande-duchesse. Je n'ai vu qu'eux. S'ils m'avaient regardé, je crois que j'aurais lancé la bombe. Pour éteindre au moins ce regard triste. Mais ils regardaient toujours devant eux. *(Il lève les yeux vers les autres. Silence. Plus bas encore.)* […] Voilà ce que je propose. Si vous décidez qu'il faut tuer ces enfants, j'attendrai la sortie du théâtre et je lancerai seul la bombe sur la calèche. Je sais que je ne manquerai pas mon but. Décidez seulement, j'obéirai à l'Organisation. […]

DORA. – J'aurais reculé, comme Yanek. Puis-je conseiller aux autres ce que moi-même je ne pourrais pas faire ?

STEPAN. – Est-ce que vous vous rendez compte de ce que signifie cette décision ? Deux mois de filatures, de terribles dangers courus et évités, deux mois perdus à jamais. Egor arrêté pour rien. Rikov pendu pour rien. Et il faudrait recommencer ? Êtes-vous fous ?

KALIAYEV. – Je pars.

DORA. – Attends ! *(À Stepan)* Pourrais-tu, toi, Stepan, les yeux ouverts, tirer à bout portant sur un enfant ?

STEPAN. – Je le pourrais si l'Organisation le commandait.

DORA. – Pourquoi fermes-tu les yeux ?

STEPAN. – Moi ? J'ai fermé les yeux ?

DORA. – Oui

STEPAN. – Alors, c'était pour mieux imaginer la scène et répondre en connaissance de cause.

DORA. – Ouvre les yeux et comprends que l'Organisation perdrait ses pouvoirs et son influence si elle tolérait, un seul moment, que des enfants fussent broyés par nos bombes.

STEPAN. – Je n'ai pas assez de cœur pour ces niaiseries. Quand nous nous déciderons à oublier les enfants, ce jour-là, nous serons les maîtres du monde et la révolution triomphera.

DORA. – Ce jour-là, la révolution sera haïe de l'humanité entière.

STEPAN. – Qu'importe, si nous l'aimons assez fort pour l'imposer à l'humanité entière et la sauver d'elle-même et de son esclavage.

DORA. – Et si l'humanité entière rejette la révolution ? Et si le peuple entier, pour qui tu luttes, refuse que ses enfants soient tués ? Faudra-t-il le frapper aussi ?

STEPAN. – Oui, s'il le faut, et jusqu'à ce qu'il comprenne. Moi aussi, j'aime le peuple.

DORA. – L'amour n'a pas ce visage.

Albert Camus, *Les Justes*,
© Éditions Gallimard, 1950 ; rééd. coll. « Folio théâtre », 2008.

1. Qu'est-ce qui divise les socialistes révolutionnaires entre eux ?

2. Dans quelle mesure la représentation de l'Histoire amène-t-elle une réflexion politique ?

Un livre, un film

La Reine Margot, de Patrice Chéreau (France-Allemagne-Italie, 1994)

La Reine Margot est le cinquième long métrage de Patrice Chéreau. Acteur et metteur en scène réputé au théâtre et à l'opéra, il considère ce film comme un tournant dans sa carrière cinématographique. Il a travaillé au scénario de cette adaptation du roman d'Alexandre Dumas avec Danièle Thompson, scénariste et réalisatrice, pendant près de sept années. L'actrice Isabelle Adjani, alors au sommet de sa carrière, est prévue dès l'origine pour jouer le rôle de la reine Margot.

Comme dans *Hernani*, l'intrigue plonge le spectateur au cœur du XVIe siècle, mais ici il s'agit du XVIe siècle français, alors que le pays est déchiré par les guerres de Religion entre protestants et catholiques. La reine mère, Catherine de Médicis, parvient à arranger un mariage entre sa fille Marguerite de Valois (la future reine Margot), catholique, et Henri de Navarre (le futur Henri IV), protestant. Tous deux ont à peine vingt ans au moment des noces, le 18 août 1572. Le mariage, qui devait sceller la paix entre les deux cultes, est suivi par une tentative d'assassinat sur le chef du parti protestant, l'amiral de Coligny, qui réduit ces efforts à néant. Le 24 août, les chefs protestants présents à Paris pour le mariage sont massacrés. La tuerie, restée sous le nom de « massacre de la Saint-Barthélemy », s'étend à toute la ville, et on estime le nombre de morts à trois mille personnes.

Pour adapter le roman-feuilleton de Dumas, les deux scénaristes doivent fusionner certains personnages et surtout recentrer l'action autour de la reine Margot. Le film sort sur les écrans français en mai 1994. S'il s'attire des remarques virulentes d'historiens spécialistes de la période qui lui reprochent son manque d'acuité historique [1], il

1. Voir en particulier Éliane Viennot, « À propos du film de Patrice Chéreau, *La Reine Margot*, ou la modernité inculte », mai 1994, et Thierry Wanegffelen, « Arrêtons le massacre ! *La Reine Margot* de Patrice Chéreau », *Études*, nos 1-2, juillet-août 1994, p. 31-33.

■ L'affiche du film.

rassemble plus de deux millions de spectateurs et reçoit le prix du jury au Festival de Cannes, ainsi que cinq Césars.

En répondant aux questions suivantes, vous montrerez la manière dont le XVIe siècle est représenté dans le film et vous vous interrogerez sur la vision de l'Histoire proposée par la réalisateur Patrice Chéreau.

Analyse d'ensemble

1. En quoi la vision de l'Histoire présentée dans *La Reine Margot* de Patrice Chéreau est-elle tragique ? Quels parallèles pouvez-vous effectuer avec la pièce de Hugo ?

2. Comment le personnage de la reine Margot évolue-t-il au cours du film ?

3. En quoi le film fait-il référence à d'autres périodes historiques ?

Analyse de la séquence d'ouverture (du début à 00.22.47)

Le début d'un film historique...

1. De quelle manière la scène de mariage présente-t-elle des éléments importants pour la compréhension de l'intrigue ?

2. En quoi cette introduction est-elle réaliste ?

... qui refuse les clichés du film historique

1. Pourquoi peut-on dire que la première scène du film constitue une mise en abyme du film tout entier ?

2. À votre avis, pourquoi le réalisateur a-t-il donné autant d'importance au corps des personnages ?

Sujets de baccalauréat

Afin de préparer l'épreuve du baccalauréat, voici deux sujets qui vous permettront de porter une réflexion argumentée sur *Hernani*.

Sujet n° 1

« Le romantisme apparaît comme le temps de l'homme seul, de celui qui ne se sent plus solidaire, ni économiquement, ni affectivement, des autres hommes. Double aspect du héros : le moi solitaire [...], – et l'homme qui veut agir [...], seul contre tous. Le héros romantique peut être l'un et l'autre à la fois, l'amoureux gémissant et l'homme d'action : ainsi Hernani, Ruy Blas, et même Lorenzaccio » (Anne Ubersfeld, *Le Drame romantique*, Belin, « Belin Sup Lettres », 1993, p. 24).

Dans quelle mesure cette réflexion d'Anne Ubersfeld s'applique-t-elle à *Hernani* ?

Sujet n° 2

« Une pièce est moins faite pour être lue, que pour être représentée ; la représentation de celle-ci vous a plu, il ne m'en faut pas davantage », dit Dorval dans *Entretiens sur Le Fils naturel* de Diderot (1757).

Ce propos vous semble-t-il correspondre à l'écriture théâtrale de Victor Hugo ?

Cet ouvrage a été mis en pages par

<pixellence>

N° d'édition : L.01EHRN000597.N001
Dépôt légal : août 2018
Imprimé en Espagne par Novoprint (Barcelone)